오늘은 어린이책

도서 선정 및 편집 위원

김다노 동화 작가
김유진 아동청소년문학 평론가, 동시인
김지은 아동청소년문학 평론가, 서울예대 문예학부 교수
남윤정 나다움어린이책 기획자
서현주 전 초등학교 교사, 성인지감수성 성교육 활동가
신수진 어린이책 편집자, 시민교육 활동가
유지현 기획자, 책방사춘기 대표
윤아름 초등학교 교사, 전교조 성평등특별위원장
최현경 어린이책 편집자

도움 주신 분들

제호 및 캐릭터 디자인 **이지선**
표지 및 본문 디자인 **해수**

오늘의 어린이책 3

1판 1쇄 발행 2024년 4월 10일
펴낸곳 오늘나다움
출판등록 2021년 7월 9일 제2021-000028호
ISBN 979-11-975580-2-3 03020
oneul.nadaum@gmail.com
instagram @daoombookclub

오늘의 어린이책 3

도서출판 다옴북

여는 글
어린이의 목소리에 귀 기울이며

김유진*

『오늘의 어린이책 1』(2021년 9월 발간), 『오늘의 어린이책 2』(2023년 3월 발간)에 이어 『오늘의 어린이책 3』을 출간하게 되어 기쁩니다. 어린이와 어린이책을 아끼는 많은 분들 덕분입니다. 우리 어린이책에서 다양성의 가치를 만들어 나가며 어린이책을 어린이 독자의 몫으로 돌려주려는 노력이 점점 단단하게 뿌리내리는 듯 보입니다.

일례로 어린이날 100주년을 맞아 한국아동청소년문학학회가 펴낸 『100개의 키워드로 읽는 한국 아동청소년문학』(창비, 2023)에는 '다양성'과 '나다움 어린이책 논쟁'이 2010년대 아동 문학을 설명하는 주요 키워드로 수록되어 있습니다. 해당 글에서는 "다양성은 어린이가 공동체에 갖는 소속감을 높이고 생명력 있는 역할 모델을 제공"하며 "어린이를 다른 현실에 개방할수록 더 안전하고 풍부한 공감이 가능한 사회가 된다."(314면)고 말합니다. 또 『오늘의 어린이책』의 시작점인 나다움 어린이책 사업에 대해 "한국 아동 청소년 문학계에 성인지 감수성과 성폭력, 성차별에 대한 문제의식을 환기시키고 다양성과 포용이라는 아동 문학 창작의 세계적 흐름에 함께 동행하도록 이끈 계기가 되었다."(321면)고 평가합니다.

* 아동청소년문학 평론가, 동시인.

이러한 사회적 공감과 지지에 힘입어 『오늘의 어린이책 3』에서는 어린이와 청소년의 목소리를 직접 들어보는 자리를 마련하고 싶었습니다. 아무리 어린이를 위하는 목소리라고 해도 그건 여전히 어른의 것이라는 생각에서입니다. 어린이의 생각과 마음에 공감하며 함께 길을 찾으려고 노력하지만 어른이 어린이일 수는 없기 때문입니다. 목소리를 높이는 어른들 사이에서 말할 기회를 갖지 못한 어린이가 주인이 되어야 했습니다.

성평등 주간 활동을 통해 세상을 바라보는 인식과 감수성이 변화한 경험을 나눈 고등학생 청소년의 이야기, 그리고 휠체어와 함께 살아온 청년의 학창 시절 경험과 동화를 읽으며 얻은 공감이 이들 자신의 목소리로 실렸습니다. 또한 동화 작가와 초등학교 교사가 학교 현장에서 아이들과 나눈 생생한 이야기를 수록하여, 대상이 아닌 주체로서의 당사자성을 선명히 드러내고자 했습니다.

이와 같은 자리를 마련해 보면서도 어린이의 목소리를 듣는 일은 역시 어렵다는 걸 깨닫습니다. 그럼에도 어린이책의 주인은 어린이라는 사실을 잊지 않으려 합니다. 어른이 가르치고 싶은 다양성의 가치를 어린이책에서 찾으려 말고, 어린이에게서 다양성의 가치를 찾겠습니다. 어린이에게서 찾은 다양성을 어린이 독자에게 보여 주어 세계 안의 자신을 긍정하는 데 힘이 되길 바라 봅니다. 소수자인 어린이의 목소리가 담길 어린이책은 자연스레 다양성의 가치와 감수성을 지닐 것입니다.

차례

- 4 — 여는 글 **어린이의 목소리에 귀 기울이며** …… 김유진
- 8 — **혐오를 넘어 무지갯빛 세계로**
  오늘의 어린이책 범주 개정에 부쳐 …… 윤아름
- 15 — **너의 세상이 궁금해** 동화 작가가 만난 어린이 …… 김다노
- 18 — **평등의 세계로 초대되다**
  다움북클럽 어린이책과 함께한 성평등 학급 운영 …… 박수영
- 24 — **다들 웃으니 나도 웃었습니다** …… 이호
- 28 — **너를 불렀다** …… 김명경
- 33 — **당사자의 목소리가 아동 문학에서 갖는 의미** …… 김지은
- 42 — **"우리는 소수자가 아닙니다."**
  독일 어린이책 작가 프라우케 앙엘을 만나다 …… 남윤정

- 52 **2023 금서 전쟁** …… 서현주
- 61 **미국의 인권 그림책을 통해 한국 사회를 떠올리다** …… 성유경
- 65 **다움북클럽 추천 도서**
  - 66 주체성
  - 80 몸의 이해
  - 91 일의 세계
  - 96 가족
  - 102 사회적 약자
  - 111 표현
  - 119 젠더 다양성
  - 131 사회적 인정
  - 142 안전
  - 151 연대
- 160 **찾아보기**

혐오를 넘어 무지갯빛 세계로
오늘의 어린이책 범주 개정에 부쳐

윤아름[•]

　다움북클럽은 이번에 『오늘의 어린이책』 3호를 내놓으면서 도서 목록 추천의 기준이 되는 10개 범주 중 '혐오 반대'를 '젠더 다양성'이라는 이름으로 개정하였다. 왜 범주명을 바꾸었냐고? 답은 간단하다. 모든 어린이는 책 속에서 모든 사람을 만날 수 있어야 하니까! 성소수자는 어디에나 있으니까!

　다문화 아동 문학 연구의 지평을 연 루딘 심스 비숍 박사는 어린이 문학에서 오랫동안 아프리카계 미국인이 보이지 않거나 부정적으로 묘사되었던 문제를 지적하면서, 모든 어린이는 책 속에서 자신을 긍정적으로 비춰 주는 거울을 볼 수 있어야 한다고 말했다.** 그리고 책이라는 창문을 통해 익숙하지 않은 소수자의 삶을 인식하고 이해할 수 있다고 말하며, 모든 어린이에게 거울과 창문 역할을 할 수 있는 책이 충분히 있어야 함을 강조했다. 젠더 다양성 책은 성소수자 어린이에게는 자신을 만날 수 있는 거울이, 모든 어린이에게는 성소수자를 이해할 수 있는 열린 창문이 되어 줄 것이다.

　2023년에 새만금에서 열린 세계 스카우트 잼버리는 부실한 준비와 운영으로 큰 비판을 받았지만, 성소수자를 위한 성중립 화

• 초등학교 교사, 전교조 성평등특별위원장.
•• Rudine Sims Bishop, *Mirrors, Windows, and Sliding Glass Doors* originally appeared in 「Perspectives: Choosing and Using Books for the Classroom」 Vo. 6, no. 3. Summer 1990.

장실과 샤워장 설치는 세계 스카우트 연맹의 필수 규정으로 이행되었다. 스카우트가 처음 시작된 영국의 스카우트는 공식 홈페이지를 통해 젠더 정체성, 성적 지향과 상관없이 모두를 환영한다고 소개하며 LGBTQ+ 전용 페이지에 이들을 위한 지원책을 안내하고 있다. 그만큼 성소수자 어린이·청소년에 대한 지원은 국제적으로 인권 및 교육 분야

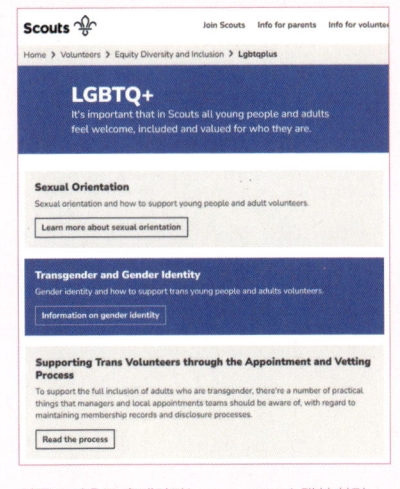

영국 스카우트 홈페이지(scouts.org.uk) 캡처 화면

에서 중요한 영역이다. 세계 여러 단체가 성소수자에 대한 인식을 개선하고 성소수자 어린이와 가족을 지지하기 위해 LGBTQ+ 어린이책 목록을 발표하는데, 다움북클럽의 『오늘의 어린이책』도 꾸준히 그 역할을 맡아 왔다.

2017년에 치러진 대통령 선거 시기로 거슬러 가 보자. 당시 후보자 토론회에서 "동성애 반대하십니까?"라는 질문이 등장하고 유력 후보가 "그렇다."라고 대답할 정도로 동성애 혐오 정치는 득세하고 있었다. 보수 세력이 종북 몰이가 약해진 틈을 동성애 혐오로 메꾸려 한다는 분석이 나오기도 했다. 촛불 혁명으로 탄생한 대통령은 차별금지법 제정을 약속했지만, 임기를 마칠 때까지 지키지 않았다.

그 와중에 여성가족부 주관으로 시작한 성평등, 다양성 도서 목록 '나다움 어린이책' 사업은 당연히 성소수자 혐오 문제를 지나치지 않았다. 정부가 내용을 검토하고 승인하는 절차가 있었기 때문

에 'LGBTQ+ 도서'라고 직접적으로 표현하기보다 '혐오 반대'라는 이름으로 에둘러 범주화하였고, 다양한 젠더 표현과 사랑하고 싶은 사람을 사랑할 권리를 담은 책을 목록에 실었다. 반동성애 진영의 공격으로 여성가족부가 사업을 포기한 후에는 다움북클럽 『오늘의 어린이책』이라는 새로운 이름으로 독립 출판을 하면서 더욱 자유롭게, 적극적으로 성소수자 인권을 다룬 책을 선정할 수 있었다.

그렇게 '나다움 어린이책' 사업 2년, 다움북클럽 『오늘의 어린이책』 1, 2권을 거쳐 다섯 번째 목록을 준비하다 보니, 도서 선정 위원들은 더 이상 젠더 다양성 도서를 '혐오 반대'라는 이름에 가둬 둘 필요가 없다는 데 뜻을 모았다. 반대에 대한 반대, 부정적 기류에 대한 저항을 넘어서 그 이상을 말할 차례다. 기존 목록에 담긴 책들과 새로 출간되는 여러 책들도 혐오 반대의 차원을 넘어 다양한 존재들이 저마다 다채로운 삶을 살아가고 있는 모습을 담고 있었다.

지금도 여전히 성소수자를 향한 혐오 정치 및 차별은 노골적으로 이루어지고 있다. 2022 개정 교육과정의 '성평등', '성소수자', '재생산' 문구 삭제, 서울시의 서울퀴어문화축제 서울광장 사용 불허, 인천시의 인천여성영화제 퀴어 영화 사전 검열, 공공 도서관의 성평등 도서 열람 제한 등등……. 하지만 이에 굴하지 않고 새로운 길을 내고자 하는 흐름은 날마다 뚜렷하고 힘차다. 지자체의 방해에도 퀴어퍼레이드는 성공적으로 개최되었고, 읽을 권리를 지키기 위한 금서 축제, 금서 읽기 모임이 전국 곳곳에서 열렸다. 동성 배우자에게 건강보험 피부양자 자격을 인정하는 법원의 판결이 있었으며, 가족구성권 3법(혼인평등법, 비혼출산지원법, 생활동반자법)이 발의되었으며. "모두를 위한 결혼, 사랑이 이길 때까지"라는 슬로건으로 혼인 평등 캠페인이 활발히 진행되고 있다.

특히 『언니, 나랑 결혼할래요?』를 쓴 김규진 씨가 임신, 출산을 언론에 공개하면서 레즈비언 커플과 아기 라니(태명)로 이루어진 새로운 형태의 가족이 세간에 화제가 되었다. 여느 어린이처럼 책을 보며 자라날 라니와 놀이터, 어린이집에서 함께 놀 친구들을 떠올려 본다. 라니와 친구들이 마주할 학교와 지역 도서관의 책장을 상상해 본다. 그들은 모두 책에서 서로를 아껴 주는 두 여자의 사랑 이야기, 동성 커플 양육자와 아이의 가족 이야기를 만날 수 있어야 한다. 그들의 현실이 반영된 이야기를 통해 자신과 이웃을 자연스럽고 긍정적으로 이해할 수 있어야 한다.

성소수자 어린이·청소년·양육자와 그 곁에서 함께 살고 있는 친구·가족·이웃·시민에게 목록이 닿길 바라며 책을 골랐다. 『투르말린 공주』(다비드 칼리 글, 파티냐 라모스 그림, 박선주 옮김, 풀빛, 2022)에서는 용감한 여성 기사들이 탑에 갇힌 공주를 구하기 위해 말을 타고 달리고, 『결혼식에 간 훌리안』(제시카 러브 글·그림, 신형건 옮김, 보물창고, 2021)의 주인공은 연보라 수트를 멋지게 차려입고 아름다움과 축하가 넘치는 레즈비언 커플 결혼식에 참석한다. 『퀴어 히어로즈』(아라벨 시카디 글, 새러 타낫-존스 그림, 김승진 옮김, 이후, 2021)는 동성애가 처벌받던 시대에 여성을 사랑한 무민의 작가 토베 얀손, 아이슬란드 동성결혼 법제화 첫날 결혼식을 올린 레즈비언 총리 요한나 시귀르다르도티르 등 다양한 LGBTQ+ 인물을 보여 준다. 『LGBTQ로 살아가기』(켈리 휘걸 매드론 글, 김혜림 옮김, 징검돌, 2023), 『웰컴 투 레인보우』(성소수자부모모임 글, 한티재, 2023)는 성소수자 청소년과 양육자를 위한 좋은 입문서이며, 『당신의 성별은 무엇입니까?』(민나리·김주연·최훈진 글, 오월의봄, 2023), 『잘하면 유쾌한 할머니가 되겠어』(박에디 글, 창비, 2023)와 『에이스가 되는 법』(레베카 버게스 글·그림, 박선주 옮김, 파크하우스코믹스, 2022)은 각각 트랜스젠더, 무성애자 청소년에 대한 이해를 돕는다.

『오늘의 어린이책 2』에서 원서로 소개했던, 손녀에게 들려주는 할아버지 커플의 사랑 이야기 『Grandad's Camper』(2021)의 후속작 『Grandad's Pride』(2023)가 『할아버지가 사랑한 무지개』(해리 우드게이트 글·그림, 김다현 옮김, 쥬쥬베북스, 2023)라는 제목으로 국내에 번역되었다. 할아버지'들'의 사랑 이야기를 들으며 자란 밀리는 할아버지를 위해 마을에서 무지개 축제를 연다. 한국의 퀴어 문화 축제는 어김없이 나타나는 반대 집회와의 충돌을 막기 위해 경찰과 울타리에 둘러싸여 진행되니, 어린이를 중심으로 마을 공동체가 여는 평화로운 분위기의 무지개 축제는 상상하기 어려운 책 속의 이야기로만 느껴졌다. 이번에 직접 타이완 프라이드에 가기 전까지는.

타이완은 2004년에 이미 '성평등 교육법'을 도입하여 학교에서 성소수자 인권 교육을 하고 있으며, 2019년 아시아 최초로 동성혼 법제화가 이루어진 나라이다. 나는 2023년 10월 마지막 토요일에 열린 타이완 프라이드에서 현실로 나타난 밀리와 친구들을 보았다. 이 어린이·청소년들은 '不在意他人目光. 愛自己想愛的人.(남의 시선은 신경 쓰지 마세요. 사랑하고 싶은 사람을 사랑하세요.)'라는 내용의 직접 만든 현수막을 내건 채 축제 트럭에 타고 있었다. 알록달록한 풍선으로 장식된 트럭에서 동글동글 비눗방울이 뿜어져 나오고, 그 뒤로 유아차, 미니 킥보드, 세발자전거를 탄 어린이와 가족들이 행진하는

2023년 타이완 퀴어 퍼레이드

모습은 마치 즐거운 어린이날 축제처럼 보였다.
　어린이·청소년들은 돌아가며 트럭의 발언대에 올라 확성기를 잡고 외쳤다.

"우리는 성별 다양성을 지지하며 이곳에 오는 것도 우리의 지지를 표현하는 방법입니다."

"인간으로 태어난 우리는 다르지 않습니다."

"여러분과 다른 사람을 이해하고, 용감하게 자기 자신이 될 수 있도록 모두 함께 노력합시다."

"존중을 받은 사람만이 존중하는 법을 배울 수 있습니다."

"여러분 모두에게 지지해 주는 친구와 가족이 있길 바랍니다."

"모든 사람은 자신에 대한 모든 것을 결정할 권리가 있습니다."

"자신을 드러낼 만큼 용감해지는 것은 자기 자신을 존중하는 일이며 우리 사회를 더욱 아름답게 만드는 것입니다."

이들과 같은 목소리와 지지의 마음으로 『오늘의 어린이책 3』을 내놓는다.

너의 세상이 궁금해
동화 작가가 만난 어린이

김다노•

 2023년에도 『오늘의 어린이책』을 준비하며 좋은 책들을 접했다. 여러 책이 마음에 남았지만 가장 인상적이었던 건 『감자 사람』이다. 하지만 『감자 사람』은 전국 어느 서점에서도 찾을 수 없다. 경기도 여주시 금당초등학교에 다니는 조강연 어린이가 쓰고 그린 책으로, 세상에 단 네 권뿐이다.
 금당초등학교와는 사서 선생님의 초대로 첫 인연을 맺었다. 전교생이 30명이 넘지 않는 작은 학교로, 한 학년당 두세 명, 많게는 네 명의 어린이가 있고 6학년은 한 명뿐이었다.
 금당초등학교 전교생은 일 년에 한 권씩 자기 이름으로 된 책을 가질 수 있다. 어린이들이 무지 스크랩북에 쓰고 그린 책을 선생님이 스캔, 인쇄, 제본해 네 권씩 출간한다. 작가와 그 가족이 가져가고, 나머지는 학교 도서관에 보관하고 있다. 그중 하나가 바로 『감자 사람』이었다.
 '감자'와 '사람'의 상관관계가 무엇일까, 처음에는 단순한 호기심뿐이었다. 『감자 사람』은 글도 짧고 그림도 단순한 선과 면으로만 이루어져 있었지만, 이 책을 덮을 때의 나는 책을 읽기 전의 나와 달라져 있었다.
 금당초등학교 수업 중 조금 당황스러운 순간이 있었는데, 몇 어

• 동화 작가.

린이가 갑자기 큰 소리로 말을 쏟아 내거나 끊임없이 "왜요?"라고 질문하는 때였다. 무엇보다 이런 상황에 동요하는 게 나뿐이라는 것이 어리둥절했다.

후에 그 어린이들에게 지적 장애가 있다는 걸 알았다. 학생 수가 적은 학교 특징상 장애/비장애 통합으로 모든 어린이가 매년 같은 반에서 지내고 전교생이 서로를 속속들이 알고 있으니, 이 아이들에게는 모든 게 당연한 일상이었던 것이다.

『감자 사람』의 작가 강연이와 이야기의 주인공 현우는 1학년부터 5학년인 현재까지 쭉 한 반이다. 현우는 매일 같은 그림만 그리는데, 작가는 그 그림에 '감자 사람'이라는 이름을 붙이고 "현우는 왜 감자 사람만 그릴까?"라는 질문으로부터 이야기를 시작했다. 현우가 정말 '감자인 사람'을 그린 건지는 모르겠지만, 내 눈에도 동그란 원에 선 네 개가 대각선으로 꽂혀 있는 게 꼭 감자가 팔다리를 한껏 뻗고 있는 것처럼 보였다.

아래는 『감자 사람』의 일부분이다.

현우는 계속 / 감자 사람을 그린다 / 아무 책에나 / 교과서에도 / 그림책에도 / 계속 그린다 / 근데… / 난 그 감자 사람이 간편해서 좋다 / (중략) / 현우도 그게 / 마음에 들었나 보다 / 현우랑 긴 시간을 / 지냈어도 / 다른 사람이나 동물 그림을 / 그리는 것을 지인짜 한 번도 / 본 적이 없는 것 같다 / 현우의 세상은 참 복잡하다 / 현우의 세상은 / 대체 어떤 세상일까? / 그래! 현우에게 직접 / 물어보자! 현우야~ / 현우야, 너의 세상이 궁금해 마지막 면에는 작가의 글 대신 현우가 그린 그림이 들어가 있다. 항상 그리던 '감자 사람'과 닮은 듯하지만 자세히 보면 조금씩 다르다. 어쩌면 현우는 강연이의 질문에 답하기 위해 최대한 다양한 그림을 그리려 노력했는지도 모른다.

작가는 "감자 사람이 간편해서 좋다."고 하면서도 그 그림을 그린 "현우의 세상은 참 복잡하다."라고 생각한다. 하지만 억지로 이해하려거나 단정 짓지 않고 "현우에게 직접 물어보자!"라며 책의 한 면을 현우에게 내주기까지 했다.

어린이의 세계는 무엇으로 넓어지는가. 적어도 남보다 앞선 학습, 흠 없는 성적, 균형 잡힌 사교육으로부터는 아닐 것이다. 사람은 넓은 세상으로 나갈수록 '나'와 다른 사람과 맞닥뜨린다. 모든 어린이들이 삶에서 다양성을 접할 수 있는 건 아니다. 그런 어린이들에겐 책이 있다. 어린이는 나와 같으면서도 다른 인물을 통해 공감을 배우고, 위로받고, 자아를 찾는다. 그런데도 동화 속 인물에게 획일성을 강요하는 이들이 있으니 안타까울 뿐이다.

수업이 끝나고 사서 선생님이 작가와의 만남에 대한 감상을 남기자며 학생들에게 메모지를 건넸다. 아이들이 뭐라고 쓰는지 궁금해 슬쩍 훔쳐보는데 글쎄, 현우가 또 '감자 사람'을 그리는 게 아닌가. 현우에게 "이것도 감자 사람이야?"라고 물으니 현우가 그 질문을 기다렸다는 듯 환하게 웃으며 고개를 끄덕였다. 나의 세계도 그 웃음만큼 넓어지는 순간이었다.

조강연 작가의 『감자 사람』 전문

평등의 세계로 초대되다
디움북클럽 어린이책과 함께한 성평등 학급 운영

박수영*

일상에서 만나는 성평등이라니!

2023년, 새로운 세계로 초대되었다. 그 세계는 그동안 경험한 세상이 다가 아니라는 선언과 희망을 선사했다. 교육 과정을 통해 특별한 수업을 계획해야만 가능한 '조금은 부담스럽고 두려운' 성교육이 아니라, 어린이들과 일상에서 책을 통해 만나는, 낯설고 멋진 '나다움의 세계'를 만난 것이다.

이 세계가 우리의 일상이 되었으면 했다. 우리 반이 더 안전하고 평등하길 바랐다. 그 마음으로 가장 먼저 한 일은 학급 문고에 『오늘의 어린이책』에 실린 성평등 어린이책을 배치하는 것이었다. 학기가 시작되고 아침 시간에 어린이들과 함께 성평등 어린이책을 읽기 시작했다. '나다움 도서 추천 챌린지' 등으로 어린이들의 참여를 높이는 방법을 활용하였다. "생리가 뭐예요?", "선생님! 이것도 읽어 보세요!", "『헌터걸』 너무 멋져요. 저는 헌터보이 할래요!" 어린이들이 자발적으로 질문하면서 자신의 생각을 드러내기 시작했다.

동 학년 선생님과도 함께 성평등 어린이책 목록을 살피며 책을 활용한 수업을 계획하고 실연했다. 제1회 나다움 어린이책 창작

---

* 초등학교 교사.

공모 대상 수상 동화인 『비밀 소원』(김다노 글, 이윤희 그림, 사계절, 2020)과 그 연작인 『비밀 숙제』(2022)를 온책읽기 수업으로 함께 읽었다. 헌법을 손에 꼭 쥐고 배움을 이어가는 할머니, 정상성을 벗어나 각자의 방식으로 행복을 꿈꾸는 이모, 나다운 방법으로 새로운 길을 만들어 가는 여성 어린이 등 자기 존중, 다양성의 가치를 선명하게 드러내는 주인공들을 책을 통해 만났다. "다양한 삶의 모습이나 가족 형태로 살아가는 사람들을 만날 수 있었어요.", "어린이들이 주인공이 되어 무엇이든 할 수 있다는 것을 느낄 수 있어서 좋았어요." 이렇게 열렬한 반응을 보인 어린이들의 의지 덕분에 김다노 작가와의 만남까지 이어졌다.

우리가 읽는 책이 유해 도서라고?

우리 반 학급 문고에서 가장 인기 있는 책은 '노란 책', 즉 이다 작가님의 『Girls' Talk 걸스 토크』(시공주니어, 2019)이다. "우리 몸의 소중함을 느낄 수 있고, 성에 대해 이해할 수 있는 재밌는 책" 덕분에 어린이들은 자기 몸의 변화에 대해 자연스럽게 말한다. 『딸 인권 선언』, 『아들 인권 선언』(엘리자베스 브라미 글, 에스텔 비용 스파뇰 그림, 박정연 옮김, 노란돼지, 2018)에 담긴 '나다워도 좋다'는 메시지로 아이들은 성별 고정관념과 편견에서 벗어나 위로받고 용기를 얻었으며, 상대방을 있는 그대로 존중하는 경험을 할 수 있었다.

이 멋진 세계로 초대된 우리 반 어린이들이 충격에 휩싸인 사건이 있었다. 우리 반 학급 문고가 검열 대상이 된 것이다. 인권 연구소, 성장 연구소 같은 이름으로 조직화된 보수 단체가 학교에 공문을 보냈다. "어린 학생들의 무분별한 성적 호기심, 일탈까지 초래할 수 있기 때문에 유아 청소년을 보호하기 위해 성교육·성평등 도서를 유해 도서로 지정하여 어린이들과 분리·제거하라."는 내용이었다. 직접적인 당사자일 수도 있는 우리 반 어린이들과 이 공문에 관한 문제의식을 공유하였다. 어린이들과 함께 관련 기사와 '유해 도서 목록'을 살펴본 다음, 우리 반 학급 문고와 학교 도서관에서 해당 도서를 찾아보았다. 유해 도서 목록으로 지정된 책들이 정말 어린이들에게 부적절한지, 분리·제거되는 것이 어린이들을 보호하는 방법인지에 대해 토의를 진행하였다.

"금서를 찾다 보니 공통점이 있어요. '성, 인권, 어린이, 평등'이라는 말이 들어가는 책들이 금서로 분류되고 있어요."

"금서로 분류되는 이 책의 어떤 점들이 어린이에게 위험하다고 이야기하는 것일까요?"

이 질문에 대해 어린이들은 스스로 '금서'를 통해 배운 점, 기억하고 싶은 장면, 책을 통한 변화 지점에 대해 이야기했다. 어린이들은 『여자 남자, 할 일이 따로 정해져 있을까요?』(나카야마 치나쓰 글, 야마시타 유조 그림, 고향옥 옮김, 고래이야기, 2018)를 읽고 "물살이들도 여자, 남자 편견은 없다. 남자든 여자든 누구나 무엇이든 할 수 있다."라는 희망을, 『루스 베이더 긴즈버그의 정의를 향한 여정』(데비 레비 글, 휘트니 가드너 그림, 지민 옮김, 북극곰, 2021)을 읽고 "'숙녀답게'라는 말을 들으며 성차별을 받았던 루스 베이더가 쌓은 엄청난 업적"을 만난 경험을, 『너와 나의 빨강』(릴리 윌리엄스 글, 카렌 슈니먼 그림, 김지은 옮김, 비룡소, 2022)을 읽고 "월경을 할 때 혼자 정해진 틀에 갇혀 생각하지 않고 친구들에게 도움을 요청할 수 있다."는 안정감을 느꼈다.

　어린이들과 이야기를 나누다 어떤 마무리가 적절할지 잠시 고민을 했다. "그럼, 우리에게 '금서'는 '유해 도서'가 아닌가요?"라고 묻자, 어린이들은 "우리 반에 '금서'는 필요한 책이죠! 우리가 성에 대해, 인권에 대해 많이 알 수 있도록 도와주었으니까요."라는 명쾌한 답변으로 시원한 마무리를 지었다. 그 뒤에 있었던 금요일 학급 회의에서 금서를 포함하여 여러 어린이책을 추가로 구입해 달라는 어린이들의 요구가 회의 안건으로 올라왔다. 그 안건은 우리 반 모든 어린이들의 만장일치로 채택되었고, 우리 반 학급 문고는 성평등 어린이책으로 더욱 빽빽하게 채워졌다.

　어른들의 걱정과는 달리 어린이들은 어린이책을 '그냥' 읽고 있지 않았다. 책 속에서 자신과 닮은 많은 이들을 만났고, 그들의 서사에 비추어 자신의 모습을 성찰하고 용기를 얻으며 치열하게 성장하고 있었다. 이 사건은 어린이들이 단지 주어지는 대로 배워야만 하는 존재가 아니라, 자기 결정권을 갖고 자신이 알고 싶은 것을 알 권리, 문화를 향유할 권리를 가진 '주체'라는 것을 인식하는 새로운 기회가 되기도 했다.

더 많이 읽혀야 할 성평등 어린이책

　한 해를 돌아보는 시간에 우리 반 어린이들은 이렇게 말했다.
　"서로의 다름을 이해하는 내가 되었어요."
　"이전보다 차별하지 않고 평등하고 더 좋은 사람이 됐어요."
　"편견과 인권에 대해 알게 되었어요. 상대의 경계를 존중하고 넘지 않도록 노력할게요."

"자기표현을 더 많이 할 수 있게 되었어요."

차별과 혐오, 불평등의 시대에 자기와 타인을 이해하려 애쓰고, 왜곡된 시선으로 자신과 타인을 축소하려 들지 않았다는 그 마음과 말들이 참 반갑고 고마웠다. 이 생생한 희망의 말들이 곧 성평등 어린이책의 영향력이 아닐까? 2023년, 많은 어린이들은 물론 나 또한 성평등 어린이책을 통해 크게 성장할 수 있었다.

우리는 성평등 어린이책 속에서 만나는 다양성으로 안정감과 존중을 느꼈다. 어린이책의 당사자인 어린이들도 느꼈지만 교사이자 성인인 나도 마찬가지였다. 존재하지만 보이지 않았던 다채로운 사람들이 주체적으로 등장하여 자신의 경험을 들려주는 이야기는 어린이들에게 든든한 울타리가 되어 주었다. 성평등 어린이책을 통해 어린이들이 나답게 살아가길, 안전하면서도 연결되어 공존하길 바라는 따뜻한 시선과 마음을 느낀다. 그 길에 나도 동행하고 싶다. 어린이들의 삶의 현장에 짧게나마 함께하는 한 사람으로서 어린이들을 좁은 틀에 가두려는 시도를 멈추고 어린이의 세계를 확장하기 위해 꾸준히 나아갈 것이다.

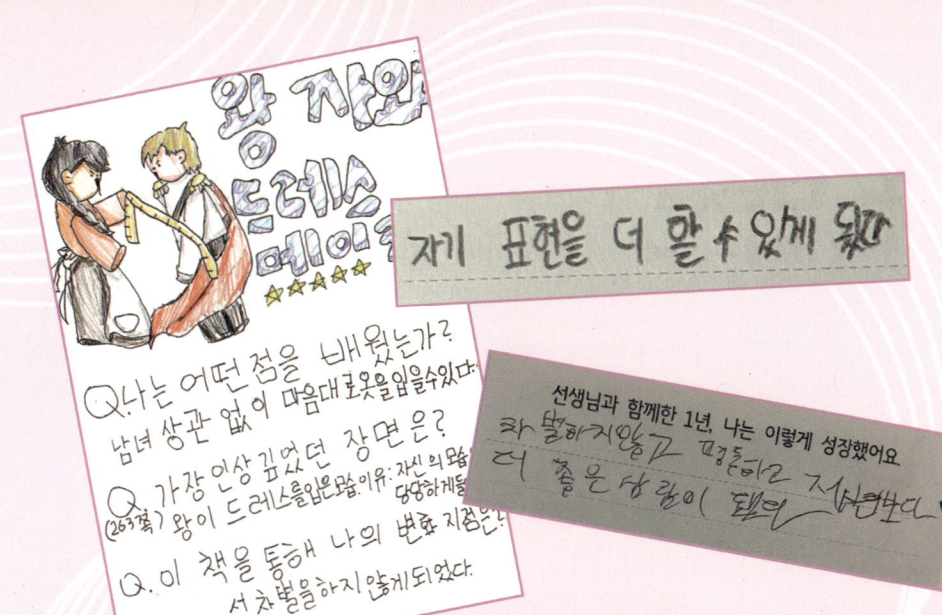

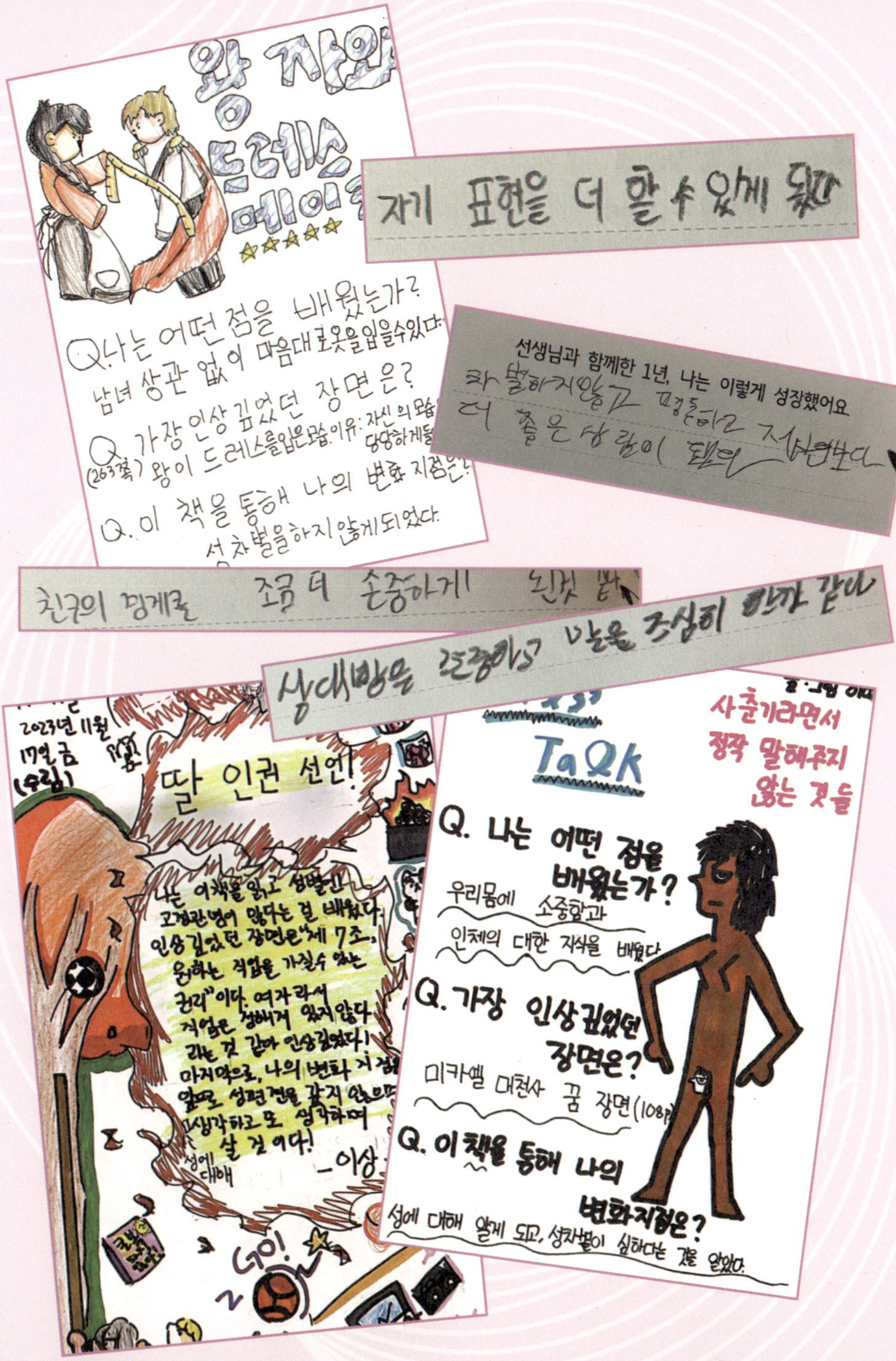

다들 웃으니 나도 웃었습니다

이호*

　안녕하세요. 17세 고등학생 이호입니다. 거의 모든 학생이 그렇듯 저도 중학교 때까지는 성평등이나 다양성 같은 가치에 별로 관심이 없었습니다. 그저 지루한 도덕 수업이라고 생각했습니다. 그러면서도 저나 친구들이나 시험지에는 '인권은 누구에게나 있다'라고 적었습니다.

　하지만 지금 생각해 보면 아이들이 평소에 툭툭 내뱉는 말 중에는 누군가의 인권을 침해하는 경우가 참 많았습니다. 장애인을 비하하는 욕설이라든지, 성적인 의도가 담긴 유행어나 비속어를 별 생각 없이 쓰곤 했지요. 마음속으로는 '어? 이건 좀 아닌 것 같은데?'라는 생각이 들기도 했지만 다들 웃으니 그냥 따라서 웃어 버리는 경우도 종종 있었습니다. 진지하게 지적했다가 분위기를 망치기는 싫었으니까요.

　저와 제 또래들은 SNS나 유튜브로 문화를 접하는 세대입니다. 더 쉽게, 더 많은 사람의 생각을 들을 수 있게 되었고 쉽게 선동되기도 합니다. 그래서인지 차별이 당연하게 받아들여지는 주변 환경에서 혼자의 힘으로는 문제점을 깨닫는 것조차 버거웠습니다. 그렇게 의문점을 가지고도 뾰족하게 터놓지 못한 채 아리송한 생

* 산청 간디고등학교 재학생.

각으로만 살아가다가 고등학교에 진학했습니다.

　제가 들어간 고등학교에는 여러 방면에서 자신이 옳다고 생각하는 가치를 위해 활동하는 동아리들이 많았습니다. 동아리 선배들은 모두 환경 운동가였고 인권 운동가였고 페미니스트였습니다. 동아리에서 기획하고 준비한 행사들은 저에게 정말 큰 울림을 주었습니다. 세월호 추모 주간, 일본군 '위안부' 기림 주간은 애도의 방식을 생각해 보게 했고, 문제를 해결하기 위해 우리가 할 수 있는 실천은 무엇인지 깊은 고민을 안겨 주었습니다. 환경 주간에는 모두가 합심해서 기후 위기에 대응하는 방법을 찾아보는 모습에 크게 감동했습니다. 그러면서 평상시의 제 생활이 과연 이 지구를 위하는 게 맞는지 진지하게 고민하게 되었습니다.

　그 모든 활동 중에서도 가장 특별했던 경험은 성평등 주간 행사였습니다. 중학교 때 인터넷으로 배운 페미니즘에 관한 정보에 어떤 문제가 있는지 깨달았습니다. 프로그램 중에 둘러앉아 서로 이야기 나누는 시간이 있었습니다. 이전에는 누구나 성별에 상관없이 어느 정도는 밤길에 다니는 걸 두려워한다고 생각했습니다. 하지만 이야기 나누다 보니 사실 저는 그런 위험에서 꽤 멀리 떨어져 있는 사람이었습니다. 완력이 약한 편도 아니고 성폭력 범죄의 대상이 될 가능성이 작기 때문입니다. 하지만 다른 친구들은 매우 구체적이고 심한 위협을 느끼고 있었습니다. 전에는 '설마 그런 일이 일어나겠어?'라는 생각이 좀 더 합리적인 관점이라고 여겼습니다. 하지만 친구들이 일상에서 얼마나 큰 위협감을 느끼는지 들으면서 '이호'라는 남성의 주변에 대해 다시 생각해 볼 수 있었습니다. 그건 '이호'라는 남성의 권력을 인지하는 기회가 되었습니다. 또한 내가 가진 권력에 대해 어떤 태도로 살아가야 하는지 질문하게 되었습니다.

평소 수업 시간이나 선배들과 나누는 대화에서 세상에 차별이 얼마나 만연해 있으며 가까이 있는지 확인할 때마다, 제가 앞으로 살아갈 미래에 위기감을 느끼기도 합니다. 하지만 이런 경험을 통해 평등과 인권의 가치를 이해할 수 있어 무척 다행이라고 생각합니다. 중학교에서는 그저 교과서에 적힌 이론에 불과했던 재미없는 이야기들이 어느샌가 저에게 너무나 중요한 삶의 토대가 되었고, 모든 선택과 행동의 기준이 되었습니다. 저는 앞으로 제가 얻은 소중한 배움을 후배들뿐만 아니라 제가 만나는 모든 사람과 나누고 싶습니다. 사람이 세상을 보는 관점에는 주변 사람들, 함께하는 '우리'의 영향이 크다는 것, 좋은 사람이 주변에 있다면 함께 세상을 더 나은 방향으로 바꿀 수 있다는 것도 이야기하고 싶습니다.

물론 '우리' 안에 있다고 해서 성평등, 다양성 같은 가치에 대한 감수성이 다 똑같지는 않습니다. 불평등과 차별이 얼마나 심각한지, 얼마나 나에게 맞닿아 있는지 인식하고 느끼는 데는 사람마다 차이가 있어서, 같은 행사에 참여해도 서로 다른 생각을 가지곤 합니다. 함께 성평등 주간에 참여하고도 "페미니즘은 '여성주의'라는 이름부터 마음에 안 든다."거나, "생물학적으로 남자 여자가 다른 건 사실"이라거나, "과거에는 불평등했더라도 현재의 차이는 합리적"이라는 등 페미니즘의 필요성을 모르겠다고 이야기하는 친구들도 여전히 있습니다. 그래서 친구들끼리 언쟁을 벌일 때가 꽤 많습니다. 이런 이야기를 나누다 감정이 격해져서 친구 관계까지 해칠까 봐 위축된 나머지 하고픈 말을 다 하지 못할 때도 있습니다. 종종 의미 없는 싸움이라고 느껴질 때도 있습니다. 하지만 그럴 때마다 '가만히 있으면 바뀌는 게 없잖아?'라고 속으로 되뇝니다. 아니라고 말하는 사람들에게 이게 바르다고 말할 용기를 얻기 위해 되뇝니다. 저는 바뀌었고, 이제는 제가 바꾸고 싶으니까요.

너를 불렀다

김명경*

몸이 다 자란 어른이 되어서도 아주 오래도록 기억 속에 남아 있는 장면들이 있다. 그 장면은 시간의 속성이 무색하게 빛에 바래지 않았고 왜곡되지도 않았다. 그 장면은 머릿속에서 지나치도록 선명하지만, 어쩐 일인지 머리 바깥의 문장으로 옮기려니 지나칠 정도로 주저함이 들기도 한다. 그건 내가 여덟 살이었을 때 조각된 장면이었다. 유치원을 졸업하고서 초등학교라는 거대한 집단에 갓 입학했던 때의 장면. 그러니까 내가 나의 두 다리 대신 처음으로 타게 된 휠체어라는 바퀴 달린 도구와 인사도 나누지 못했던 때였다. 그때의 나는 이런 마음이었다.

"키가 고만고만한 아이들이 커다란 강당 안에 삐뚤빼뚤 줄지어 서 있었고 나는 그 중간에 네 개의 바퀴가 달린 의자의 커다란 몸집과 함께 바짝 얼어 있었어. 눈을 부릅뜨고 있었음에도 시야가 흐릿했고 양손을 마주 잡은 손가락에 부러질 듯이 힘을 주고 있었어. 그날은 초등학교 입학식이 있던 날이었어. 사실 나는 입학식이 어떻게 시작되고 끝났는지 몰라. 다만, '김명경 입학 축하해'라는 커다란 플래카드를 눈도 잘 보이지 않는 내게 덥석 안겨 주던 아저씨가 계셨지. (그 아저씨의 정체는 교장 선생님이셨어.) 그 후로 강당을 나와서

---
* 작가.

나는 여전히 바퀴가 달린 의자에 실려 차갑고 어두운 화장실에도 들어가 보았고, 화장실 바로 앞에 있던 1학년 4반 교실에 들어가 뒷문과 가장 가까운 곳에 자리를 잡아보기도 했어. 날씨마저 우중충했던 초등학교 입학식이 첫 번째 장면으로 이렇게 박제되어 버렸어.

어느 입이 가벼운 남자아이 때문에 들켜 버린 비밀이 내 기억에 남은 또 하나의 장면이야.

당시만 해도 바퀴 달린 의자, 그러니까 휠체어라고 지칭되는 이동 보조 기구가 다닐 수 있는 길이 드물었어. 어찌 된 영문인지 내가 학교 안으로 들어가기 위해선 정문이 아니라 정문을 빙 둘러서 뒤쪽의 급식실 입구로만 들어갈 수가 있었어. 마치 휠체어가 다니는 길은 떳떳하게 드러내면 안 되고 은밀하게 숨겨 놓아야 한다는 듯이 말이야. 그렇게 나는 등교와 하교를 정문이 아닌 뒤편의 급식실을 통해서만 할 수 있었어. 불행 중 다행인 건 1학년 4반이 급식실과 바로 붙어 있었기에 나는 급식실만 통과하면 되었지. 등굣길은 그럭저럭 갈 만했어. 나 혼자 조용히 이동할 수 있었으니까.

그런데 문제는 하굣길이었지. 1학년인 내가 하교하는 시간은 나머지 학년이 급식실에서 밥을 먹는 시간이었거든. 급식실은 왜 그렇게 긴지. 휠체어를 밀어 주는 보조 선생님은 왜 달리기 선수가 아닌 건지. 느리고 아득히 길기만 한 급식실 지나가기에서 나는 하나의 방법을 떠올렸어. (그 순간엔 그 방법밖에 달리 떠오르지 않았는데) 그건 좋은 방법이 아니었어. 나는 급식실을 나와 선생님께 꾸중을 들었어.

왜 눈을 감느냐고. 네가 잘못한 게 무엇이냐고. 이건 부끄러워할 일이 아니라고. 그러니까 누군가 가볍게 외친 '쟤 눈 감았다!' 그 한마디 때문에.

　그래, 맞아. 나는 왜 눈을 감아야 하고 내가 잘못한 게 무엇이고 왜 부끄러워했는지, 당사자인 나조차도 전혀 이유를 알 수 없었어. 그냥 자꾸만 쳐다보니까 어쩔 수 없이 부끄러워했는지도 몰라. 이유도 알지 못한 채."

　나는 언제나 나를 지칭하는 단어가 꼬리처럼 달린 사람이기도 하다. 사람들은 그 단어를 '장애인'이라고 발음한다. 예전에는 그 단어가 얼마나 무서웠던지. 나는 아무런 죄를 짓지 않았음에도 늘 그 단어가 들려오면 심장이 빠르게 뛰고 온몸에 뜨끈한 열기가 오르며 황급히 주위를 살피곤 했다. 사실 내가 그토록 주위를 살폈던 이유는 내 마음 때문이 아니다. 혹시나 나를 지칭하는 그 단어를 엄마가 들었을까 봐. 그에 대한 두려움이 있었다.

　나 같은 사람을 지칭하기 위해 따로 만들어진 그 단어 세 글자로 지칭되는 게 뭐 그리 큰일이라고 그렇게 두려웠던 걸까. 특별히 단어까지 만들어 지칭하는 건데, 놀라고 두려울 게 아닌 오히려 특별하다고 생각해야 하는 게 아닌가. 이런 생각을 나는 처음 '장애인'이라는 말을 들었던 어릴 때로부터 비교적 오랜 시간이 지나온 지금에서야 해 보게 된다.

　어릴 땐 내 또래의 어린아이들이 싫었다. 아니, 싫었다는 표현보단 부담스러웠다는 표현이 맞을 것 같다. 아이들은 호기심이 많다. 나와 다른 모습으로 보이는 상대에게 무구한 솔직함을 드러낸다. 그걸 잘 들리게 바깥으로 말해 버린다. 그래서 저 멀리 아이들이 보이거나 곁에 가까이 다가오면 나는 괜스레 긴장하곤 한다. 지나친 관심은 상대를 다소 부담스럽게 한다는 걸 아이들은 아직 잘 모르는 법이니까. 그러나 시대가 바뀌면서 아이들에게도 변화의 바람이 부는 걸 나는 자주 체감하곤 한다. 요즘 아이들은 휠체어에 구태여 소리 내어 관심을 보이지도 않고 호기심 가득한 눈으로 바라보지도 않는다. 그것이 좋은 쪽인지 혹은 안 좋은 쪽인지 나는 확신할 수 없다. 다만, 어쩔 땐 고맙기도 하고 어쩔 땐 조금 씁쓸한 마음이 들기도 한다.

종종 그런 생각이 든다. 장애란 뭘까. 사전적 정의대로 살아가는 데 방해가 되는 요소를 지칭하는 통합적 단어일까. 그렇담 얼마나 많은 이들이 장애를 안고 살아가는 걸까. 그렇다면 우리는 덜 외로워도 되는 걸까.

차영아 작가의 동화 「오, 미지의 택배」(『쿵푸 아니고 똥푸』(문학동네, 2017)에 수록된 단편)를 읽으며 나 또한 작품 속의 미지가 될 수 있음을 느꼈다. 당신 또한 미지가 될 수 있으며, 결국 우리는 미지가 될 수 있음을, 그리고 나와 미지와 당신의 곁, 그러니까 우리의 곁에는 봉자와 같은 친구가 늘 머물러 있다는 것을 깨닫게 되었다. 동화 속 미지의 교실에서 어떤 일이 일어났는지 정확히 나타나 있지는 않지만, 미지도 나처럼 그랬을 수 있다. 어떤 이유로 다른 사람과 만나는 일이 자주 불편하게 느껴지고 어렵게 느껴졌을 테다. 어제의 내가 만난 그가 그랬던 것처럼, 오늘 그가 만날 내가 그럴 수 있는 것처럼 말이다. 우리는 언제 어디서든 미지가 될 수 있으며, 우리의 곁에는 마찬가지로 언제 어디서든 봉자를 만날 수 있을 것이다.

비록 시공간은 달라도 사람 언니인 미지와 강아지 동생인 봉자는 어딘가에 상대방이 존재하고 있다는 것을 알기에 덜 외로울 수 있었다. 우리에게 우리가 있는 것처럼 말이다. 우리는 오늘도 우리 각자의 장애를 봐 주고 쓰다듬어 주고 있다.

장애는 특별한 게 아니다. 그렇다고 감당하기 버거울 정도로 크기만 한 것도 아니다. 그냥 살아가는 데 방해가 되는 요소가 있고 그로 인해 어려움과 불편함이 좀 있을 뿐이다. 그렇다고 해서 내가 하고 싶은 어떤 일이 결국 안 되는 것만은 또 아니니까. 단지 그뿐이다. 나도 당신에게, 당신도 나에게 언제든 미지가 될 수 있고 봉자가 되어 줄 수 있다. 그게 바로 내가 동화「오, 미지의 택배」에서 배운 생각이다.

그럼에도 굳이 장애를 특별하다고 여기고 싶은 사람이 있다면, 이 말은 덧붙여 주고 싶다. 그렇다면 나만 특별한 것은 아니라고. 너와 나, 우리는 특별한 거라고.

* 저는 네 개의 직업을 가졌던 사람입니다. 얼마 전 졸업과 퇴사를 하였기에 현재는 두 개의 직업을 가진 상태인데요. 작가라는 직업을 서브로 갖고 있는 동시에 메인으로 갖고 있기도 하며, 서브이자 메인인 또 다른 직업이 있어요. 저는 제가 어린 시절부터 함께하고 있는 근이영양증(Muscular Dystrophy)을 언젠가부터 직업으로 생각합니다. 이 직업 생활에는 여러모로 필요한 도구가 많지만 대표적으로 인공호흡기와 휠체어와 더불어 살아가고 있습니다. 작가라는 직업을 가지고 있기에 때로는 말랑하게 때로는 따끈하게 때로는 불편하게, 그럼으로써 어느덧 충만하게 다가갈 수 있는 글을 쓰고 싶어요. 언젠가 그 불편함이 크지 않을 수 있을 만큼, 무거운 시간이 덜 무거울 수 있을 만큼요.

당시지의 목소리가 아동 문학에서 갖는 의미

김지은[*]

'할머니'를 발음해 보세요

『Sora's Seashells』(Candlewick, 2023)로 2024년 에즈라 잭 키츠 상을 수상한 작가 Helena Ku Rhee(헬레나 구 리)와 Stella Lim(스텔라 임), Ji-Hyuk Kim(김지혁)은 이주 배경을 지닌 한국계 어린이의 목소리를 자신들의 작품에 담았다. 그림책에는 이런 문장이 나온다. "소라는 한국어로 조개껍데기라는 뜻이에요. 할머니는 언제나 이렇게 말했어요. 완벽한 조개껍데기를 찾는 일은 놀라운 선물을 받는 것과 같다고요. 그래서 제 이름을 소라라고 짓자고 했어요."

할머니는 소라와 함께 바닷가를 거닐면서 가장 아름다운 조개껍데기를 발견하면, 그 조개껍데기를 꼭 남겨 두고 가자고 말한다. 다른 사람이 이 아름다움을 또 보고 선물로 간직할 수 있도록 하자는 것이다. 소라는 자신의 이름을 지어 준 할머니에게서 가장 소중한 조개껍데기를 남겨 두는 마음을 배운다. 그런데 유치원에 입학하고 난 뒤 소라는 이름이 이상하다는 이유로 몇몇 친구들에게 놀림을 받는다. 그리고 사랑하는 할머니에 관한 슬픈 소식을 듣는다.

소라는 친구들 앞에서 자신의 이름이 지닌 유래를 밝히면서, 이주자는 낯설고 이질적인 존재라는 편견과 맞선다. 할머니가 주

---
[*] 아동 청소년 문학 평론가.

신 것은 '소라'라는 이름만이 아니었다. 타국 땅에서 정착하며 살아가는 소라의 가족에게 자기 존재를 사랑하는 법을 알려 준 것이다. 이 책에서 '할머니'라는 단어는 뉴베리 상을 받은 태 켈러의 『호랑이를 덫에 가두면』(돌베개, 2021)에서와 마찬가지로 'Halmoni'라는 한국어 발음 그대로 사용되었다. 최근 미국에 번역되어 아마존에서 호평을 얻은 박소영의 청소년 소설 『스노볼』(창비, 2020; 영어판 Snowglobe, Delacorte Press, 2024)에서 '아줌마'가 'Ajumma'라는 단어로 그대로 사용된 것과 비슷한 경우다. 영어권 독자들은 앞으로 이 책들을 읽으며 '할머니', '아줌마', 그리고 '소라'라는 생소한 발음을 소리 내어 연습하게 될 것이다.

세 사람의 한국계 작가가 공동 작업한 그림책이 에즈라 잭 키츠 상을 받게 되었다는 소식은 우리에게 큰 의미를 갖는다. 『눈 오는 날』(시공주니어, 1995)을 통해 아프리카계 이주 배경을 지닌 어린이의 존재를 서사의 주체로 드러낸 작품으로 처음 칼데콧상을 받은 작가가 에즈라 잭 키츠이며 그의 뜻을 기리기 위해 제정된 상이기 때문이다. 주인공 피터가 독자들과 처음 만난 것이 1962년이었고, 60년이라는 시간이 흘렀다. 이제 범아시아계도 아닌 한국계 이주자 어린이 당사자의 목소리가 세계 그림책계에 등장한 것이다. 역사와 신화적 상상력을 토대로 한국계 작가가 작업한 책들이 영어권 독자를 만난 사례는 종종 있었지만, 생활 서사 속에서 한국계 이주자 어린이의 고민을 담은 책이 이처럼 큰 상을 수상한 것은 처음이다. 그동안은 마치 금지되었던 것처럼 책에서 찾아보기 어려웠던 한국계 어린이의 삶이 선명하게 존재를 증명했다.

이 그림책의 에즈라 잭 키츠상 수상 소식을 듣고 작가인 헬레나

구 리의 SNS로 수상 축하 인사를 건넸고 "감사합니다."라는 다정한 우리말 답장을 받았다. 이주 한인 2세인 그는 주중에는 회사에서 변호사로 일하고 주말과 저녁에는 어린이를 위한 글을 쓰고 있다. 이주 1세대인 그의 부모는 야간에 빌딩 청소를 하는 일을 했고, 헬레나는 그 부모를 따라가서 일이 끝나기를 기다리곤 했다. 그 시절에 느낀 감각을 담아 2020년 그림책 『Paper Kingdom』을 발표하여, 아마존에서 출간 1주 만에 매진을 기록하기도 했다. 그만큼 한국계 이주자 어린이의 구체적인 서사를 기다린 사람들이 많았다는 의미일 것이다. 미국에서 출판되는 어린이책 전체에서 이주 배경을 지닌 작가가 차지하는 비율은 아직도 13% 정도라고 한다.

당사자 문학과 공백의 발견

책을 통해서 우리는 한 사람의 생을 만난다. 작가는 그 인생에 가장 가까운 지점까지 다가가는 사람이다. 타인의 삶을 밀착 취재하기 위해서 금지된 구역까지 접근을 시도하고 관계된 인물을 만나고 공개되지 않은 사건의 이면을 추적한다. 그러나 어떤 인생을 향해 바깥에서 다가가는 행위에는 집요한 노력을 통해서도 결코 닿기 어려운 곳이 있으며, 그것은 작가의 상상으로 채우거나 공백으로 남겨 둘 수밖에 없다.

당사자 문학은 그러한 거리를 최소화하는 작품이다. '이런 삶이 있다.'는 말이 가지는 힘은 '그 삶이 내 이야기다.'라는 말과 함께 놀라운 파급력을 가진다. 하나의 주장을 입증하기 위해 개인의 경험에 의지하는 일이 논거로는 불충분하며 종종 오류라는 것을 알면서도, 우리는 고백하는 당사자의 목소리가 들려올 때 더 순순히 귀를 연다. 고백의 진정성은 독자와 작가 사이에 논리적인 서술로는 만들어 내기 힘든 밀도 높은 공감의 지대를 구축한다.

당사자 문학이라고 해서 담긴 내용이 당사자의 삶과 완전히 일치하는 것은 아니다. 오히려 작가가 고백하려는 내용과 사실 사이의 간극, 남이 아닌 자신을 직접 들여다보는 일의 고뇌, 그 충돌의 순간에 대한 또 다른 고백, 사회와 대립하듯이 기록자인 자기 자신과 대립하면서 분투하는 고백자의 노력 등이 당사자 문학에서 감동을 느끼는 부분이기도 하다. 당사자가 직접 들려주는 내면의 이야기라는 것이 독자에게 주는 부담을 고려해서 일정한 거리를 둘 수 있는 소설적 양식을 취하거나 상징적 감각을 가져온 글쓰기를 택하는 경우도 있다. 정신적 자서전에 가까운 당사자 문학이 있는가 하면 사회 현실을 더욱 투명하고 냉정하게 드러내기 위해서 당사자가 직접 글을 쓰는 경우도 있다.

19세기, 문학을 통해 진리를 추구하고 세계의 가장 깊숙한 곳에 다다라야 한다고 생각하던 서구의 작가들 몇몇은 자신이 직접 겪은 일을 글로 쓰면서 그 임무를 수행하고자 했다. 영국에서 약물법이 제정되기 이전이었던 1821년, 「런던 매거진」에는 매우 파격적인 에세이가 연재되기 시작한다. 익명의 작가는 자신이 학생 시절 아편을 시작하게 된 경위와 아편의 쾌락과 고통, 남용에 따르는 무서운 환상과 아편을 끊으려고 매달렸던 과정을 글로 써서 발표했다. 당시 이 작가의 깊이 있는 내면 고백과 아편 경험에 대한 생생한 묘사는 독자에게 충격을 주었다. 또한 시적이면서도 섬세하고 아름다운 문체로 에드거 앨런 포, 샤를 보들레르 같은 동시대 문인들에게 지지와 격찬을 받았다. 보들레르는 이 작품에서 영감을 얻어 『인공 낙원』을 쓰기도 했다. 처음에 이름 없이 연재되었던 이 에세이의 작가는 토머스 드 퀸시로 밝혀졌다. 이 글은 『어느 영국인 아편쟁이의 고백』이라는 이름으로 출간되어 그의 대표작이 된다.

비슷한 시기, 이탈리아의 소설가 이폴리토 니에보도 고백자의 대열에 있다. 그는 국가 통일기에 파도바 외곽의 한 농촌에 살았던 이탈리아인으로서 자신의 경험과 고뇌를 담아 장편의 글을 썼다. 그는 가리발디가 지휘하는 붉은 셔츠 원정대에 들어가 독립 전쟁을 벌인 전사 출신이다. 이 기록은 그의 사후인 1867년에 『80세 노인의 고백』이라는 제목으로 출간되었다. 당시의 고백자들은 당사자 문학을 쓰기 전에도 이미 작가였던 경우가 적지 않다. 공동체에 질병이 엄습하거나 빈곤이 극대화될 때, 혁명과 전란이 일어나는 시대적 격변기 등에는 더욱 많은 당사자의 목소리가 책 속에 등장한다. 누구에게나 강렬한 공통의 경험이 주어질 때 사람들은 내 이야기를 기록하는 것에 더욱 매력을 느끼기 때문이다.

최근 우리 출판계에서도 당사자 문학의 활약이 두드러진다. 여기에는 집필과 출간이라는 과정에 접근이 용이해진 것과도 관련이 있을 것이다. 그러나 더욱 주목하게 되는 것은 미디어의 변화와 함께 수많은 당사자들이 자신을 작가로 인식하기 시작했다는 것이다. 내가 겪은 일을 직접 글로써 말하겠다고 나서는 이들 중에는 지금까지 작가가 아니었던 여러 층위의 고백자, 목격자들이 포진해 있다. 이들의 공통점이 있다면 '용기'다. 소리 내어 직접 말하기 힘들었거나 발화의 기회가 주어지지 않았던 아픔, 분노, 불평등과 차별적 현실은 용기의 힘을 타고 언어와 문장이 되어 독자를 만나고 있다. 경로는 SNS 계정, 블로그와 온라인 링크, 유튜브와 같은 영상 매체 등 다양하다.

작가가 자신의 경험을 고백한다는 것

유은실의 청소년 소설 『2미터 그리고 48시간』(낮은산, 2018)은 그레이브스병을 앓는 열여덟 살 이정음의 이야기다. 재발과 약물 치료가 되풀이되면서 주인공 이정음은 나날이 살이 찌고 합병증으로 갑상선 기능 항진증까지 얻으면서 가만히 있어도 오래달리기를 한 것 같은 피곤에 젖은 몸으로 끝이 짐작되지 않는 투병 생활을 겪는다. 사람들은 "정음아, 너는 잘 참지?"라고 말하며 인내를 안부처럼 강요하지만, 이 말을 듣는 이정음은 차라리 병원에 유폐되기를 원한다. 이 책의 제목인 '2미터 그리고 48시간'은 방사성 요오드 치료를 앞두고 이정음이 느끼는 고립감을 나타낸 것이다. 친구들과 멀어지지 않기 위해서 늘 '가벼운 병이 있지만 잘 지내는 사람'인 것처럼 살아오려고 애썼던 정음은, 숨 쉬는 것만으로도 피해를 줄 수 있기 때문에 모든 사람과 2미터 이상 거리를 둔 채 48시간을 보내야 한다는 의사의 말에 견딜 수 없는 절망감을 느낀다. 살아 있으려면 고립을 연습해야 하는 것이다.

"내 반경 2미터에 붉은색 레이저 빔이 표시되고, '접근 금지, 붉은 선 안으로 들어오면 피폭될 수 있음.' 하고 안내 방송이 나오는 상상을 했다. 그게 가능하다면 사람들은 나를 전염병 환자 보듯 할 것이다. 그래도 그게 나을 것 같았다. 아무 잘못도 하지 않은 누군가에게 피해를 주는 것보다는." (『2미터 그리고 48시간』, 81쪽)

 유은실 작가는 고립이 의무로 주어지는 그레이브스병 환자의 삶을 내면까지 깊숙하게 다룬다. 깨끗하게 병이 낫는 날이 오지 않는다는 사실이 한 청소년에게 어떤 단념을 요구하며 그 안에서 꿈꾸는 희망이란 어떤 모습인지 그려낸다. 이 소설이 이토록 강렬한 구체성을 가질 수 있었던 것은 작가 자신이 그레이브스병 환자였기 때문이다. 그는 이정음의 이야기를 쓰면서 자전적 소설을 넘어서서 더욱 내밀한 당사자 문학을 시도했다.
 이수지 작가의 그림책 『강이』(비룡소, 2018)는 유기견으로 발견되어 오랜 기간 가족으로 지냈던 작가의 개가 주인공인 작품이다. 글 없는 그림책을 주로 작업해 왔던 이수지 작가는 이 그림책을 쓰면서 처음으로 많은 문장을 직접 말했다. 강이를 동생처럼 사랑했던 산이와 바다도 실명의 주인공으로 등장한다. 작가의 고통은 80장에 걸친 스케치라는 흑백의 고백으로 나타난다. 이수지 작가는 출간 후 자신의 블로그에 반려견을 잃고 슬픔을 감당하기 힘들었던 자신과 가족에게 이 작품이 어떤 위로가 되었고 그 위로에 어떤 한계가 존재했는지를 썼다. 고통의 당사자가 자신의 일을 이야기로 쓰는 것은 드문 일이 아니었다. 하지만 작가를 업으로 하는 이들에게는 자기 자신의 일을 직접 소재로 삼는다는 것에 대한 일종의 경계의식이 있었다. 좀 더 거리를 두는 글쓰기가 바람직한 것으로 여겨졌던 것이다. 그러나 최근 그러한 작업의 벽이 무너지고 있다. '그 사람이 작가 자신이었다.'는 사실은 넘쳐나는 픽션과 가상 현실의 세계에서 새로운 이야기의 힘을 획득한다. 그리고 그 이전에 이야기를 쓰는 당사자인 작가에게 어디에서도 얻기 어려운 위로와 힘을 준다.

자전적 에세이 『오늘, 내일, 모레 정도의 삶』(생각의힘, 2019)을 쓴 임상철은 보호 시설 거주 아동이었던 당사자가 노숙인으로 살아가며 자신의 이야기를 쓰는 과정에서 마침내 작가로 데뷔하게 된 경우다. 저자는 어린 시절 보육원에서 자라면서 만화가를 꿈꾸었다. 중학교를 졸업하고 보육원을 나와야 했고, 조형물 제작 공장을 다니면서 자신의 꿈을 그림과 글로 기록한다. 그러나 구체적인 미래를 그리기도 전에 외환 위기의 여파로 일자리를 잃었다. 그는 18년 동안 홈리스로 지내면서 일용직으로 일했으며, 추위와 굶주림 속에서 몸과 마음을 지탱하는 일이 한계에 다다를 무렵 홈리스의 자활을 돕는 잡지 「빅 이슈」의 판매원이 된다. 격주로 발행되는 잡지의 뒷면에 늘 자신의 이야기를 종이에 적은 짤막한 글을 끼워 넣은 채 잡지를 팔았다. '노숙인', '장애인'으로 명명되는 삶 너머에 실제로 존재하는 한 인간의 생을 보여 주고 싶었던 것이다. 그가 소리쳐 잡지를 팔던 홍대입구역 3번 출구의 행인들은 그의 글 속에 주요 인물로 등장한다. 치열한 하루를 보내고 귀가하는 그들을 목격하고 글에 담는다. 임상철의 글에서 우리는 누구의 삶도 함부로 정의될 수 없다는 것을 깨닫는다. 이것이 바로 당사자성의 힘이다.

「빅 이슈」를 구매하며 임상철의 목소리에 귀 기울이던 행인들은 그의 최초 독자이기도 했다. 그동안 사회적 약자의 구명 신호는 세상에 닿기도 전에 스러지는 일이 많았다. 에즈라 잭 키츠는 아프리카계 이주 아동 당사자가 아니지만 그 삶을 대신 작품에 그렸다. 그러나 지금은 헬레나 구 리처럼 이주 아동 당사자들이 세계를 향해 글을 쓴다. 대행자 문학에서 볼 수 없는 생동감이 당사자 문학에 있다.

 어린이 문학의 경우는 어쩔 수 없이 성인 대행자가 어린이의 목소리를 재현하게 되는 한계를 지닌다. 여기에 당사자가 아닌 자가 소수자 어린이의 목소리를 전달할 경우 두 겹의 두터운 거리가 발생한다. 당사자 어린이로서 경험을 지닌 어른 작가의 활동이 반가운 것은 그런 이유다. 지난 기간 우리는 수많은 당사자의 목소리를 만나 왔지만, 그들의 문학적 작업이 기록을 넘어선 예술적 성취를 보여 주고 있는 것도 반갑다. 사회적 약자가 당사자성을 가지고 세상을 예술의 언어로 설득하기 시작했다는 것은 여러모로 두근거리는 신호다. 질병과 장애와 학대와 빈곤과 성차별로부터 자기 스스로를 구하기 시작한 이들이 오늘도 자신들의 목소리를 책으로 펴낸다. 용기를 기본 사양으로 탑재한 더 다채로운 언어들을 어린이 책에서 만나고 싶다.

---

* 이 원고는 「기획회의」 480호에 수록했던 '용감한 문학, 문학의 용기'라는 제목의 짧은 글을 토대로 하여 다시 쓴 것입니다.

"우리는 소수자가 아닙니다."
독일 어린이책 작가 프라우케 앙엘을 만나다

남윤정[*]

    2023년 9월 10일, 독일 동부 작센주 드레스덴에서 문학 축제가 열렸다. '드레스덴 에어레젠(Dresden (Er)lesen)'은 7년 전부터 1년에 한 번씩 열리는 지역 축제로 드레스덴을 중심으로 활동하는 작가와 출판사들이 한자리에 모이는, 동부 독일 문화계에서는 의미가 큰 행사이다. 이곳에서 한국에 세 권의 그림책이 번역 소개된 어린이책 작가 프라우케 앙엘(Frauke Angel)을 만났다. 동료 작가들과 함께 직접 부스를 열고 독자들을 만나는 자리의 한쪽에서 인터뷰를 진행했다.

> 프라우케 앙엘은 1974년 독일 루르 지방에서 태어나 일찍이 연극 배우가 되었고, 20년간 독일 무대에서 활동했다. 청소부, 판매원, 묘지 관리원, 용접공, 술집 종업원, 팬터마임 기타 연주자, 대필 작가 등 각종 직업을 두루 경험했다. 38세부터 전업 작가로 활동하기 시작하여 여러 차례 문학상을 받았다. 두 아이와 함께 드레스덴에 살고 있으며, 국내에 번역된 그림책으로 『행운의 마마 무치』(야나 피상 그림, 이기숙 옮김, 씨드북, 2018), 『엄마는 파업 중』(슈테파니 브리트나허 그림, 박종대 옮김, 이마주, 2020), 『디스코 파티』(율리아 뒤르 그림, 김서정 옮김, 봄볕, 2020)가 있다.

---

[*] 나다움 어린이책 기획자.

Q. 작가가 되기 전에 여러 직업을 경험하셨다고 들었습니다. 그런 다양한 경험이 이후 작품 활동에 어떤 영향을 끼쳤나요?

저는 가난한 노동자 집안에서 태어났고 대학에 갈 수 없었어요. 하지만 어려서부터 이야기를 좋아해서 일찍 연극 배우가 되었지요. 연극을 하는 데는 돈도 들지 않고 학위도, 문화적 자산도 따로 필요 없고 오로지 재능만 있으면 됐으니까요. 하지만 연극 배우 일로는 생계를 해결할 수가 없었기 때문에 다른 직업들을 계속 가져야 했습니다. 더구나 아이가 생긴 다음에는 생계를 위해 여러 일을 할 수밖에 없었습니다.

본격적으로 글을 쓰게 된 건 어머니가 암에 걸리면서부터였어요. 한쪽에는 두 아이가 있고 한쪽에는 암에 걸린 어머니가 있는데, 수중에 돈이 없었어요. 일을 더 열심히 해서 돈을 많이 벌어야 했습니다. 그런 상황에서 뭘 해야 살아남을까 고민했습니다. 이때 내가 가장 좋아하는 것, 바로 이야기를 쓰기로 마음먹게 됐지요. 제 주변의 인물, 경험, 상황들을 이야기로 쓰기 시작했습니다.

그래서 제 작품의 이야기들은 지어낸 게 아닙니다. 주변의 인물들과 보고 들은 상황에 저의 상상을 가미한, 실제의 이야기들입니다. 편집자나 평론가들이 내 문장이 단순하다고 말하는 이유는 이렇게 실재하는 인물과 상황을 작품으로 만들기 때문일 겁니다. 우리 삶의 언어는 사실 단순하니까요. 작가로서 나의 임무는 누구를 가르치거나 주장하거나 교훈적으로 드러내는 말을 하는 사람이 아니라, 살아 있는 사람들의 있는 그대로의 이야기를 옮겨 주는 것이라고 생각합니다. 제가 잘 알고 있는 인물이나 이야기를 쓰기 때문에, 저는 제 작품 속 인물들과 심리적으로 연대감을 느낍니다.

Q. 어린 시절부터 이야기를 좋아했다고 하셨는데, 작품 활동에 영향을 미친 작품이나 작가가 있다면 소개해 주세요.

저에겐 특별한 영웅이나 롤 모델이 되었던 작가는 따로 없습니다. 우리 집은 너무도 가난해서 세 식구가 한 방을 나누어 썼습니다. 집에는 나만의 공간이 없었어요. 동네 도서관이 나의 유일한 장소, 나만의 장소였어요. 자연히 도서관에서 살다시피 하며 어려서부터 책을 많이 읽었습니다.

어린 시절 저에게 중요했던 건 역사적으로 중요하거나 유명한 작가의 작품이 아니었어요. 이야기 그 자체가 의미 있고 매력적인가가 중요했어요. 주로 강한 여자 어린이들, 씩씩한 어린이들의 이야기에 매혹되었습니다. 당시 아주 유명했던 '로테'라는 여자 어린이 주인공이 기억납니다. 흔히 남자 어린이들이 할 법한 행동, 태도들을 거침없이 해냈어요. 2차 대전 직후를 다룬 소설이었는데, 로테는 집도 가족도 없었지만 자기 힘으로 강하게 성장해서 성공하는 여자 주인공이었습니다. 로테를 보며 남자만 씩씩하고 모험적으로 살 수 있는 게 아니라 나도 할 수 있다고 생각했습니다. 이 이야기뿐만 아니라 강한 여자 어린이가 나오는 이야기를 주로 읽었고, 제 성장기에 당연히 영향을 미쳤다고 생각해요.

Q. 한국에 처음 소개된 작품 『행운의 마마 무치』에는 주인공 소년 랠리오의 아버지가 마약 중독자로 나옵니다. 어린이책에서 부모의 캐릭터를 부정적으로 그리는 일이 부담스럽지는 않으셨나요.

저는 심각한 소재나 주제를 주로 다루고, 그래서 종종 어린이책에 담아내기는 어렵다고들 말합니다. 그동안 마약, 치매, 알코올 중독, 이혼 등 쉽지 않은 이야기를 다루었습니다. 하지만 이미 말씀드렸듯 제 작품은 판타지나 꾸민 이야기가 아니라 제 경험과 제 주변에 실재하는 사실에 기반하고 있습니다. 우리 주위에서 실제로 많은 사람이 겪고 있는 문제임에도 어린이와 청소년을 위한 책이라고 해서 다루지 않는다면 그게 오히려 더 문제라고 생각합니다. 세상에는 선도 있고 악도 있는데, 어린이에게 좋은 쪽만 보여 주는 건 문제가 있습니다. 어느 한쪽만 보여 주는 게 아니라 공존하는 양극단을 있는 그대로 보여 주고자 합니다.

어려운 주제라고 해서 이야기가 심각하기만 하지도 않습니다. 예를 들어 『행운의 마마 무치』에는 마약에 중독된 아버지만 있는 게 아니라 유머러스한 인물과 장치도 많이 있으므로, 독자들은 쉬어 가거나 웃을 수 있습니다. 만약 비슷한 문제로 고통받는 어린이 청소년들이 이 책을 본다면, 세상과 부모를 조금 더 이해할 수 있을 거로 생각합니다.

유머는 제 작품에서 큰 역할을 합니다. 유머는 고단한 현실을 견딜 수 있는 원동력이 된다는 걸 저는 잘 알지요. 작품에서만 그렇다는 게 아니라 실제 삶에서 그렇다는 뜻입니다. 인생이 아무리 아프고 힘들어도 우리는 고통스럽게만 살지는 않습니다. 모든 순간이 완전히 행복하거나 완전히 불행하기만 한 건 아니지요. 일상을 지탱하는 건 유머라고 생각합니다.

Q. **심각한 주제를 다루면서도 유머를 잊지 않는 게 당신 작품의 매력 같습니다. 그렇다면 『행운의 마마 무치』라는 사실주의 작품에서 작가적 상상의 영역은 어디까지입니까?**

『행운의 마마 무치』는 여기 드레스덴에 사는 제 이웃의 이야기입니다. 저는 이야기의 마지막에 인물들이 만나는 것으로 결말을 지었어요. 그러나 현실에서 두 사람은 만나지 않았습니다. 현실의 문제는 그렇게 빠르게 진행되지는 않으니까요. 실재하는 인물, 실제의 사건에서 시작했으나, 이야기의 전개에는 저의 상상이 개입되는 것이지요. 이 부분이 작가의 판타지 영역이라고 생각합니다.

Q. 작품 『디스코 파티』 이야기를 나눠 볼까요. 이 작품도 어쩐지 실제 있었던 이야기일 거 같은데요, 등장인물 중 에디의 아빠가 처음에는 성평등에 반대하는 인물로 나오다가 마지막에 평등주의자로 바뀌는데 현실에서도 이런 일이 벌어졌는지 궁금합니다.

맞습니다. 제가 알고 있는 아이들과 실제 일어난 이야기를 다루었지요. 남자 어린이가 분홍색과 빨간색 옷을 입고 가는데, 그 옷을 벗지 않으려면 유치원에 가지 말라고 하는 장면이 있잖아요. 제가 실제로 목격한 장면인데 정말 마음이 아팠습니다. 작품에서는 에디의 아빠가 혐오주의자에서 평등주의자로 바뀝니다. 하지만 그때 실제 에디의 아빠는 이렇게 바뀌지 않았어요. 이야기를 만들면서 저의 판타지가 가미된 것입니다.

이 작품이 나온 지 벌써 10년이 지났고, 여전히 에디의 아빠는 제 이웃입니다. 그리고 이제 에디의 아빠는 평등주의자가 되었습니다. 저에게 "내가 그 당시엔 굉장히 어리석었어."라고 말하기도 했지요. 이렇게 변하기까지 10년이 걸렸습니다. 10년 전에는 판타지였던 결말이 이제 현실이 되었습니다. 이게 작가의 역할이 아닐까 합니다. 이건 정말 처음 밝히는 비밀입니다.

작품에서는 가능한 변화가 현실에서는 쉽지 않습니다. 거의 불가능하거나, 10년이라는 오랜 시간이 걸리기도 합니다. 그래도 제 작품이 성평등을 앞당기고 불평등을 없애는 일에 기여할 수 있다고 믿습니다. 이런 변화는 반드시 일어나야 하며 저는 그 변화에 용기를 주고 싶습니다.

Q. 최근 한국에는 보수 우익 단체를 중심으로 성평등, 성교육, 인권을 다룬 어린이책을 배제하려는 시도가 꾸준히 있습니다. 학교나 도서관에서 관련 도서를 소장하지 못하도록 지나친 압력을 넣고 있지요. 성평등과 불평등 문제를 주제로 다루는 작가로서 이런 현상을 어떻게 생각하시나요.

제가 사는 독일의 작센주와 드레스덴에도 최근 우경화가 심각합니다. 이런 분위기에서 지방 의회에 우익 정당이 정권을 잡는다면 상황은 더 나빠질 거예요. 그렇게 되면 제 책에도 자연히 나쁜 영향이 올 겁니다.

오늘만 해도 동료들과 부스를 지키고 있는데, 누군가가 지나가며 혐오하는 말투로 "흥, 젠더!" 하는 걸 들었어요. 독일도 민주주의 국가지만 모든 시민이 평등주의자는 아니기 때문에 마찬가지의 어려움을 겪습니다. 하지만 우리는 물러서서는 안 되고 서로 연대해야 합니다. 우리가 소수라고 생각해서는 안 됩니다. 하나는 약할지도 모르지만, 우리는 힘을 모을 수 있어요. 변화를 일으키기 위해서 우리는 서로 연결되고 연대해야 합니다. Solidarity! (한 손을 불끈 쥐었다.)

Q. 다움북클럽의 큐레이션 기준에서 다양성과 공존은 가장 중요한 가치입니다. 당신의 작품에서도 거듭 이야기되는 주제지요. 오늘을 사는 어린이에게 이 가치들이 그렇게 중요한 이유는 무엇일까요.

다소 뻔한 이야기일 수도 있는데, 어린이책에서 다양성이 특별히 강조되어야 하는 건 인생이 그렇기 때문이라고 말씀드리고 싶어요. 인생은 색깔이 다양하므로 멋있습니다. 어린이책이 그렇게 가야 하는 이유가 되기도 하고요. 우리 어린이들이 개방적으로, 포용성을 가지고 자랄 수 있으면 좋겠습니다.

물론 제 책은 교육 서적이 아니기 때문에 그걸 적나라하게 주장하지는 않지만, 세상의 다양성을 있는 그대로 드러내는 건 중요합니다. 내 삶의 방식, 내 것만이 중요한 게 아니라 세계의 다양성을 어린 독자들이 알 수 있도록 해야 합니다. 그래서 저는 제 책에 나오는 인물들이 이야기 속에서 성장하게 합니다. 피부색이 다르고 문화가 다르고 장애가 있는 사람들이 함께 살면서 각자의 어려움과 문제들을 스스로 해결하며 성장해 나가기를 바라고, 그런 이야기를 쓰게 됩니다.

Q. 신작 가운데 아직 한국에 소개되지 않은 작품을 소개해 주세요.

『Heul doch!(울어라!)』(Stephanie Brittnacher 그림, Tyrolia Verlag, 2021)는 마음껏 울어도 된다고 이야기하는 그림책입니다. 고통이든, 슬픔이든, 분노든, 절망이든, 긴급한 필요 사항을 전달하는 유일한 방법으로서 우리는 눈물을 터뜨립니다. 어린이들이 소리치고 우는 다양하고 개별적인 이유를 전하고 싶었습니다.

『Vorsicht, frisch geschieden!(주의할 것, 이제 막 이혼했음)』(Meike

Töpperwien 그림, Klett Kinderbuch, 2023)는 이혼 가정 이야기를 어린이들과 함께 쓴 책입니다. 독일에서는 12만 명의 어린이가 이혼 가정에서 자랍니다. 출판사에서 어린이들의 인터뷰를 전혀 고치지 않고 그대로 출판하도록 허락해 주어 매우 감사했습니다. 이름을 제외하고는 모두 이혼 가정 어린이들이 직접 말한 그대로를 옮겼습니다.

『Das Mädchen mit den vier Namen(네 개의 이름을 가진 소녀)』(Mehrdad Zaeri 그림, Tulipan, 2023)는 제목 그대로 네 개의 이름을 가진 여자 어린이의 이야기입니다. 낳은 엄마, 키운 엄마, 입양한 엄마, 마음의 어머니까지를 거치며 이름이 네 개가 된 어린이의 실제 이야기지요. 이 책을 작업하며 좋았던 점은 이 어린이가 자신의 상황을 '슬프지 않다'고 말했다는 점이에요. '나는 엄마가 네 명이나 있어'라고 긍정하며 모두 나의 엄마라고 했습니다. 낳은 엄마만이 소중한 게 아니라 세상에는 다양한 모성이 있다는 걸 이야기하고 싶었습니다. 이 작품은 이란 이민자 어린이의 이야기를 전해 듣고 작업했는데, 출간 후에 실제로 이 어린이를 만나게 되어 더욱 뜻깊었습니다.

Q. 독일 그림책이 한국 독자에게는 조금 딱딱하게 여겨진다고들 합니다. 이런 평가에 대해서는 어떻게 생각하시는지요? 앞으로의 계획과 한국의 독자들에게 전하는 말씀도 부탁드립니다.

처음 듣는 이야기는 아닙니다. 독일 안에서 그런 말이 나오기도 하고요. 그러나 글이 심각한데 그림만 예쁘장하다면 어울리지 않겠지요. 실제로 아기자기하고 포근한 그림에 가혹한 텍스트가 달린 책들이 있기도 합니다. 그런데 저는 그게 맞지 않다고 생각합니다. 인기를 얻기 위해 예쁘장한 그림을 선택하지는 않을 겁니다. 그런 의미에서는 독일 그림책, 특히 저의 책들이 비판을 받아도 충분히 받아들입니다.

지금 세 편의 작품을 진행하고 있는데 그걸 마무리할 계획입니다. 실험적으로 다른 작가와 함께 작업하고 있는 건 디아스포라, 이주 문제를 다루고 있어요. 두 명의 작가가 서로 다른 관점에서 하나의 작품을 만들고 있습니다.

그리고 여전히, 앞으로도 저에게 가장 중요한 주제는 여성이 가장인 가정의 이야기입니다. 여성 혼자서 아이들을 키우는 가정이 전체 비혼 유자녀 가구의 90퍼센트라고 합니다. 문제는 이들 대부분이 가난하다는 점입니다. 이는 매우 정치적인 문제이기도 해서 실천적인 측면이 있습니다. 어린이와 가난에 대한 문제를 꾸준히

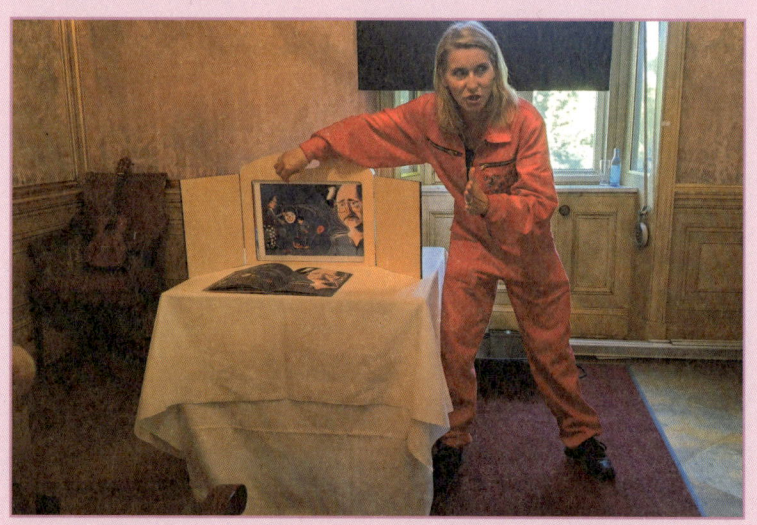

어린이 청중을 대상으로 스토리텔링 공연 중인 프라우케 앙엘.

드레스덴 에어레젠 문학 축제에서 만난 프라우케 앙엘 작가와 남윤정 기획자

다루려고 합니다.

저를 한국에 초대해 주시면 어린이를 만나 스토리텔링하는 여행을 하고 싶습니다. 저는 책을 쓰면서 동시에 책을 읽어 주는 예술가입니다. 2021년에는 스토리텔러로서 상도 탔지요. 한 해에 몇 개월은 스토리텔링을 하면서 세계를 돌아다니는 게 저와 함께하는 작가 그룹의 일입니다. 이 일이 경제적으로 도움도 되고요. 저는 여전히 아이 둘을 키우는 작가거든요.

한국의 다움북클럽에게, 용기를 갖고 개방적으로, 함께 네트워크를 만들고 연대해서 싸워 나가자는 말을 전하고 싶습니다. 우리는 절대 소수자가 아닙니다.

2023 금서 전쟁

서현주[*]

양육자 성교육 강연을 위해 한 공립 유치원을 방문했다. '그림책으로 여는 유아 성교육'이라는 제목으로 청중을 맞이할 준비를 하고 있는데, 원장 선생님이 허둥지둥 다가오셨다. 무언가 빼곡 적힌 종이를 건네며 말씀하신다.

"이 책들을 읽히지 말라는 이야기를 들었는데, 강의 시작 전에 좀 훑어봐 주세요, 강사님. 정말 위험한 책인가요?"

원장 선생님이 수기로 적은 리스트에는 내가 청중들과 함께 읽으려고 일부러 챙겨 잔뜩 짊어지고 온 그림책들이 수두룩했다. '나다움 어린이책' 시절부터 다움북클럽의 『오늘의 어린이책』까지 줄곧 좋은 성교육 도서라고 추천해 온 책들이었다.

1일 차별금지법제정연대 등에 따르면 지난 5월부터 일부 보수·학부모단체들이 지역 공공도서관에 성교육·성평등·인권 도서 약 120권에 대해 열람 제한과 폐기 처분을 요구하는 공문을 잇달아 보내고 있다.

– 「충남 도서관 성교육·성평등 도서 공방…부적절 vs 도서 검열」
(김소연 기자, 연합뉴스, 23.8.1.)

---

[*] 전 초등학교 교사, 성인지감수성 성교육 활동가.

공공 도서관을 향한 무차별 악성 민원의 여파가 유치원까지 미친 모양이었다. 함께 책을 읽어 보면 아실 것이라 답변하고 강연을 시작했다. 유아와 양육자, 교육 기관에 성인지 감수성이 필요한 이유를 설명하고 『오늘의 어린이책』이 추천하는 도서를 소개했다. 그리고 나 또한 양육자로서 『오늘의 어린이책』이 추천하는 도서를 우리 집 아이들과 읽으며 겪은 일을 이야기했다.

먼저 초등학생인 큰아이.

"엄마도 생리 전 증후군이 있어요? 책에서 봤는데, 여자들은 월경하기 전에 피로하고 짜증 나고 떡볶이랑 초콜릿이 먹고 싶다면서! 엄마도 그래? 그럼 다음에 월경하기 전에 나한테 말해. 떡볶이 사 올게."

며칠 후에 미취학 작은아이.

"엄마, 브래지어 불편하지 않아? 그거 엄청 답답하다던데. 벗어. 그리고 니플 패치 하면 된대."

아이들이 어디서 그런 정보를 얻었을까? 궁금해서 책꽂이가 있는 방에 들어가 봤다. 열심히 읽다가 미처 정리하지 못해 널브러져 있는 샛노란 표지의 책이 보였다. 우리 집 어린이들이 들여다보고 여성의 고충을 이해할 수 있게 도와준 고마운 성교육 책은, 자주 금서로 오르내리는 이다 작가의 『Girls' Talk 걸스 토크』(시공주니어, 2019)였다. 청중들의 얼굴에 미소가 어리고 고개를 끄덕이는 분도 있었다.

성교육 강연을 할 때 『걸스 토크』뿐만 아니라 교육에 활용할 수 있는 다양한 도서 목록을 소개한다. 양육자들은 "아이들에게 꼭 필요한 책이다.", "어른들이 받지 못했던 교육을 책으로 알 수 있어서 좋았다.", "집에 가는 길에 도서관에서 빌려야겠다."는 등 긍정적 반응을 주로 남긴다. 하지만 아이와 함께 책을 읽고 싶다던 양육자는 어쩌면 도서관에서 원하는 책을 대출하지 못할지도 모르겠다. 민원 때문에 몇몇 도서들에 대하여 열람 제한을 시행한 도서관이 상당수 생겨나고 있기 때문이다.

지난 26일 도서관 사서들이 모인 한 온라인 커뮤니티에는 "단순히 민원을 넣는 수준이 아니다."며 "'유해 도서'를 전부 폐기할 때까지 집요하게 괴롭힌다. 지자체를 하나하나 타깃 삼아 괴롭히고, 한 지역이 백기를 들면 다음 지역으로 넘어가는 식"이라는 글이 올라오기도 했다. (중략) 이들 단체가 민원의 근거로 삼고 있는 것은 2022년 개정 교육과정 내용이다. '성평등' '섹슈얼리티' '재생산권' '성소수자' 등 용어가 교육과정에서 배제됐으니, 도서관에서도 청소년들이 이 같은 책을 볼 수 없게 해야 한다는 논리다.

- 「"성평등 도서 폐기하라" 보수단체 '악성 민원'에 도서관 몸살」
(이수진 기자, 여성신문, 23.7.28.)

2023년 하반기 기사 가운데 '금서'라는 단어로 검색되는 것을 추려 보았다. 성인지 감수성 도서에 관련된 금서 논란이 얼마나 뜨거웠는지 엿볼 수 있다.

- "성교육 책 빼라고!"…학부모단체 집요한 민원·도지사 맞장구에 '백기' 든 도서관 (전지현 기자, 경향신문, 23.07.25.)

- 성평등·성교육 책 '금서' 지정?…"검열이자 반헌법적 행위"
  (양선아 기자, 한겨레, 23.8.2.)
- 성교육·성평등 도서가 '금서'? "우리가 읽어보자" 운동 확산
  (양선아 기자, 한겨레, 23.8.8.)
- "성교육 책 17권 현황 보고하라"는 서울시의원…검열 논란
  (양선아 기자, 한겨레, 23.8.23.)
- "도서관에 대한 일체의 검열을 반대한다"…내달 1~7일 금서읽기주간 캠페인 (김석 기자, KBS, 23.8.28.)
- "성평등 도서 열람제한은 인권침해"…시민단체들, 인권위 진정
  (양선아 기자, 한겨레, 23.9.8.)
- "금서(禁書) 아니라 금서(金書)네요"…홍성서 금서 읽기 대축제
  (강정의 기자, 경향신문, 23.9.14.)
- 전병주 서울시의원 "학교 도서관 금서 전쟁 멈추기 위한 교육청 대책 마련 필요" (서울신문, 23.11.7.)
- '도서 열람제한' 조치에 반발한 충남도민, '금서 읽기'로 화답
  (이재환 기자, 오마이뉴스, 23.11.8.)

민원은 전국적으로 일었지만, 특히 충청남도에서 극심했다. 학부모 연합이라고 주장하는 모임이 도서관에서 성평등 도서를 빼라는 민원을 제기한 뒤 충남의 군의원들이 이 의견에 가세했고, 결국에는 충남 교육청 소속 도서관 다수가 나다움 어린이책 추천 도서 목록 중 일부를 열람 제한, 검색 제한하기에 이르렀다. 이는 몇 년 전 나다움 어린이책 사업의 경험과 매우 닮아 있었다.

이 와중에 2023년 8월 1일 충남 내포혁신플랫폼에서는 '공공 도서관을 향한 성평등 책×금서 요구, 무엇이 문제인가?'라는 제목으로 차별금지법제정연대 등 인권 단체들이 주최한 토론회가 열렸다.

제9회 금서읽기주간 포스터

토론회에는 인권 단체 활동가, 교사, 사서, 어린이책 전문가, 작가 등 다양한 주체들이 참여했고, 나도 다움북클럽을 대표하는 발표자로 토론회에 함께했다. 토론자들은 공공 도서관을 향한 금서 지정 시도는 악성 민원을 넘어서 민주주의를 위협하는 행위임에 모두 동의했다. 이날 토론에 나왔던 이야기 일부를 소개한다.

"충남도지사가 충남도의회 본회의에서 '나다움책' 7종 도서에 대하여 도서관 열람을 제한시켰다고 발언했습니다. 도지사에겐 그럴 권한이 없습니다. 시민들은 법적 근거를 내놓으라고 요구해야 합니다. 실제로 그렇게 했다면 이는 반헌법적 행위이며 검열에 해당합니다. '금서'를 요구하는 이들에게도 얘기합시다. '당신들은 헌법에 위배되는 일을 하고 있어!' (중략) 그 누구도 어떤 책이 '유해하다'면서 다른 사람의 책 읽을 권리까지 뺏을 수 없습니다. 히틀러의 『나의 투쟁』 같은 책도 도서관에 놓고 읽으며 토론하는 것처럼, 언론과 출판과 독서의 자유는 보장돼야 합니다."

−안찬수 바람직한독서문화를위한시민연대 대표

"학부모 민원이라는 허울을 쓰고 학생인권조례나 포괄적 차별금지법을 반대하는 보수적 종교 세력이 전면에 나선 것이며, 2000년대쯤부터 사회적 공신력이 하락하고 교세가 침체되는 위기 속에서, 혐오 정치를 내부 결집을 위해 동원, 활용하고 있다."

―몽 차별금지법제정연대 공동집행위원장

"금서 민원으로 시민들의 책 읽을 권리는 물론이고 도서관 사서들의 양심과 사상의 자유, 노동권까지 침해당하고 있다. 이를 보호할 책무가 있는 도지사는 아무런 조치를 취하고 있지 않다."

―손보경 어린이와작은도서관협회 이사
「성평등·성교육 책 '금서' 지정?…"검열이자 반헌법적 행위"」
(양선아 기자, 한겨레, 23.8.2.)에서 재인용.

도서관에서 벌어지고 있는 이런 논쟁은 충청남도에 국한한, 혹은 국내만의 이슈가 아니다. 미국의 학교 도서관과 공공 도서관도 '금서 전쟁'이라고 부를 만큼 극심하게 몸살을 앓고 있다. 책을 바라보는 시각이 정치 이념적으로 대립하고 있어서 도서관이 전쟁터가 되고 있다는 것이다.

미국 전역의 학교 도서관과 공공 도서관이 좌우 진영 간 '금서(禁書) 전쟁'에 휘말려 몸살을 앓고 있다. 공화당이 집권한 주(州)들이 동성애와 흑인 차별 실태 등 특정 주제를 다룬 책을 서가에서 퇴출시키려고 하자, 민주당과 좌파 단체들이 '표현의 자유'에 대한 침해라고 반발하면서 법적 분쟁이 잇따르고 있다. 미국의 문화·사회

분야에서 좌우 세력이 이념적으로 첨예하게 대립하고 있는 이른바 '문화 전쟁'이 도서관으로 확대, 가열되는 양상이다.

「"동성애·인종차별 책 다 빼"… 이념 전쟁터 된 美 도서관」
(이민석 특파원, 조선일보, 23.8.4.)

미국에서 제작된 다큐멘터리 「어린이 금서의 조건」(The ABCs of Book Banning, 2023)은 도서관 문화 전쟁에 관한 어린이 독자들의 목소리를 담아낸다. 두 수컷 펭귄이 파트너로 지내며 함께 알을 돌본 실화를 바탕으로 한 그림책 『사랑해 너무나 너무나』(저스틴 리처드슨·피터 파넬 글, 헨리 콜 그림, 강이경 옮김, 담푸스, 2012)는 동성애를 조장한다는 주장 때문에 대표적인 금서로 지정되었다. 이 책을 읽은 어린이의 반응은 다음과 같았다.

"그들은 알 낳는 것만 빼면 모든 걸 할 수 있어요. 이 펭귄들은 서로 사랑하기로 했죠. 그런데 왜 이 책을 없애자는 거예요?"

'금서 지정'은 표현의 자유를 침해하고 시민의 알 권리를 침해하며 민주주의를 위협하는 행위임과 동시에 '도서관인 윤리 선언'에 반하는 일이다. 대응할 가치조차 없는 문화 검열임에도, 일부 정치 진영과 연결되어 한쪽의 입장만을 대변하는 압력으로 작동되고 있다. 미국도 한국도 금서 논란의 속사정은 크게 다르지 않아 보인다.

그렇게 1년 내내 금서로 몸살을 앓던 출판계는 하반기를 넘어 해가 바뀌며 상황이 더 나빠졌다. 이번엔 '출판'과 '삭감'을 키워드로 검색해 보았다.

- 책의 역할 강조하더니 출판계에 호통만… 'K-북 비전'의 민낯
  (박동미 기자, 문화일보. 23.7.31.)

- 출판업계 "문체부, 출판 지원 예산 삭감 중단하라"
  (차정윤 기자, YTN, 23.8.18.)

- "출판 위기는 국가적 위기" 거리로 나온 출판인들의 말, 말, 말
  (김혜경 기자, 독서신문, 23.8.19.)

- 영화제예산 반토막, 독서사업도 5분의 1로… "지원 줄어 문화계 타격"(이호재·최지선 기자, 동아일보, 23.10.2.)

- 책과 11억의 '행방불명'… 지역서점 내년예산 '전액 삭감'
  (유혜연 기자, 경인일보, 23.11.21)

- '최대 규모 출판상' 롯데출판문화대상 없어진다
  (최재봉 기자, 한겨레, 23.12.29.)

- 정부는 '책 읽는 나라'가 싫은가… 출판·독서 예산 45억 쳐냈다
  (손효숙 기자, 한국일보, 24.1.10.)

- 출판문화협회 "서울국제도서전에 문체부 예산 중단… 행사 축소 불가피"(신연수 기자, 한국경제, 24.1.16.)

- K-문학 올해도 해외 국제상 간다…지원 예산은 삭감
  (김민수 기자, 노컷뉴스, 24.1.29.)

　도서관 안에서는 금서 전쟁이 벌어지고 도서관 밖에서는 출판계 지원 예산 삭감으로 인한 칼바람이 분다. 예산 삭감은 풀뿌리 문화로 자리 잡은 동네 책방에 타격을 가하고, 창작인들의 사기를 꺾으며, 독자들의 축제에 재를 뿌린다. 정부와 국회는 세계로 뻗어 나

가는 K-컬처를 운운할 자격이 없어 보인다. 콘텐츠의 원천이 되는 책을 무시한다면 어떤 훌륭한 2차 창작물이 탄생할 수 있을까.

충남 토론회에서 만났던 도서관 사서의 한마디가 떠오른다. "민원 들어온 금서 목록 중 어떤 책은 말이죠, 저희가 보고 황당했었어요. 왜인 줄 아세요? 우리 도서관에서 대출 이력이 0건이었거든요."

읽히지 않던 좋은 책이 금서 논란 덕분에 빛을 봤다는 우스갯소리지만, 안타깝고 슬프다. 그마저도 민원에 밀려 서가에서 사라질 수도 있고 출판계 예산 삭감 때문에 풀뿌리 노력들은 빛이 바랠지 모르는 위기에 처했다.

이럴 때 기댈 데라곤 결국 책을 읽는 독자뿐이다. 책 읽는 어린이가 희망이고 미래라는 어느 노교수의 덕담을 떠올리며, 이보다 더 나빠질 상황은 없을 것이라서 다시 힘을 내기로 한다. 그리고 언론에서 크게 다루어 주지 않아서 서운했던 해시태그 캠페인을 목청껏 되뇌어 본다.

#출판예산삭감반대

#문학나눔예산축소반대

#독서진흥예산삭감반대

#지역서점활성화예산삭감반대

#출판이곧문화다

#책과함께하는사회

미국의 인권 그림책을 통해 한국 사회를 떠올리다

성유경*

작년 11월에 미국영어교사협회(National Council of Teachers of English; NCTE) 연례 총회에 참석했다. 미국 전역의 영어 교육자들이 한자리에 모이는 큰 행사로, 110년을 훌쩍 넘긴 오랜 역사를 자랑한다. 행사의 주요 프로그램 가운데 하나로 열리는 만찬 석상에서는 NCTE에서 주관하는 여러 분야의 포상과 함께, 어린이 논픽션 도서상인 'The Orbis Pictus Award'을 비롯한 아동 청소년 도서상의 수상작도 발표된다.

매년 이 자리에 참석하여 각 도서상이 추구하는 선별 기준에 따라 심사 위원들이 1년 동안 고른 훌륭한 아동 청소년 도서들을 만나고 있다. 이 책들에는 미국 사회의 인종·문화·언어의 다양성이 반영되는 만큼, 작품의 우수성이나 유의미함을 정의하는 사회적 시선이 어떻게 변화하는지 지켜보는 일이 무척 흥미롭다.

테이블마다 그 해의 수상작과 최종 후보로 올랐던 작품들이 놓이고, 그 책을 쓰고 그린 작가들도 초청되어 영어 교사 및 관계자들과의 밀도 높은 교류가 이루어진다. 그중 내가 만난 인상적인 두 작품을 소개한다.

『더 이상의 '안 돼'는 거절하겠어!』(메리앤 코카-레플러 글, 비비안 밀덴버거 그림, 웃는돌고래, 2022)는 장애인 인권 운동가 주디스 엘런 휴먼

* 미국 뉴멕시코대학교 교수, 아동 문학 전공.

(Judith Ellen Heumann; 1947-2023)의 이야기를 다룬 논픽션 그림책이다. 주디(Judy)라는 이름으로 더 유명한 그는 '첫 휠체어 교사'이자 장애 인권 운동의 '투쟁가'로도 널리 알려져 있다. 두 살 때 폴리오 바이러스에 감염되고 평생 휠체어를 타게 된 주디는 음악과 책을 좋아하는 평범한 아이였지만, 불이 났을 때 스스로 대피할 수 없다는 이유로 유치원과 학교 입학을 거부당했다. 1952년 미국에서는 휠체어 탄 아이가 다닐 수 있는 학교를 찾기 힘들었던 것이다. 주디는 자신의 불편함과 상관없이 휠체어 탄 아이를 불편해하는 사회적 시선 때문에 성장 과정 내내 제도권으로부터 "NO"라는 메시지를 받았는데, 이에 굴하지 않고 끊임없이 도전을 이어가며 점점 더 운동가로 성장한다. 이번에는 불이 났을 때 학생들을 대피시키기 힘들다는 이유로 교사 자격 시험 기회를 거부당하자, 뉴욕시 교육위원회를 상대로 소송을 걸어 휠체어 탄 장애인도 교사가 될 수 있다는 법을 통과시키는 데 일조한다.

 이 그림책에는 그 뒤로도 주디가 평생을 바친 장애 인권 운동가로서의 열정적이고 치열한 삶이 펼쳐진다. 장애인이 배제되고 격리되기보다 비장애인과 자연스럽게 어우러져 살아가는 미국 사회의 기조와 제반 시설이 어느 날 갑자기 이루어진 것이 아님을, 주디를 비롯한 운동가들의 적극적인 활동과 오랜 인내의 결과물임을 확인할 수 있다. 책 중간중간에 "No More No's"라는 메시지가 자주 등장하는데, 주디와 동료 활동가들의 이야기를 읽으면서 2024년 한국 사회의 모습이 떠오르는 건 어쩔 수 없다. 미국에 오래 머물다 보니 한국 상황을 오롯이 이해하기는 모자람이 있지만, 영상과 사진을 통해 만나는 인권 관련 뉴스들은 잔상이 더 오래가는 듯하다. 한국의 수도 서울에서 여전히 지하철 승차를 저지당하는 휠체어 장애인들, 이들을 거부하고자 인간 벽을 만드는 경찰들의 모습에 깊은 위화감을 느끼곤 한다. 2024년 대한민국의 장애인에 대한 인식이 1950년대 미국 사회 수준에 머물러서는 안 될 말이다.

다음으로 소개할 책은 2023년 칼데콧상을 받은 『Choosing Brave: How Mamie Till-Mobley and Emmett Till Sparked the Civil Rights Movement』(Angela Joy 글, Janelle Washington 그림, Roaring Brook Press, 2022)이다. 이 책은 1950년대 미국에서 백인 성인 남성들에게 잔인하게 살해당한 14살 소년 에밋 틸, 그리고 이 사건을 계기로 인권 운동가가 되는 그의 어머니 메이미 틸 모블리의 이야기를 담은 그림책이다. 메이미는 자신의 인권 운동이 "나의 죽은 아들만이 아니라 이 시대를 살아가는 모든 아들과 딸들을 위한 것이며, 더 나은 사회를 만들기 위한 깨어짐과 치유를 위한 고통으로 이루어진다."고 말한다. 이 메시지는 그 어느 곳보다 안전해야 할 공공의 장소에서 목숨을 잃은 한국의 청소년과 청년들을 떠올리게 한다. 또한 다시는 이 같은 비극이 없는 세상을 만들어 가려는 유족들의 눈물 어린 호소를 환기시킨다.

이 두 그림책을 통해 공동체라는 울타리가 시민의 안전과 인권을 지켜 주지 못할 때, 누구나 투사로 변신할 수 있음을 본다. 오늘날 미국의 사회 시스템을 조금이나마 더 나은 방향으로 바꿔 온 이들을 발굴하여 아름다운 글과 그림이 담긴 책으로 만들고, 이런 책에 상을 주며 다음 세대를 위한 교육에 적극 활용하는 모습이 인상 깊다.

어린이들은 책을 통해 다양한 세상을 접한다. 소수성에 대한 이해를 키우고 부당함에 맞서는 인물의 행동을 통해 영감을 얻는다. 최근 한국에도 어린이를 위한 다양성 그림책, 인권 그림책이 나오고 있지만 아직도 부족한 느낌이다. 앞서 소개한 미국 그림책들처럼 동시대 한국의 인권 운동가들을 발굴하고 재현하여 소개하는 작품들이 많이 출간되었으면 좋겠다. 세상을 더 나은 곳으로 바꾸는 데 열정을 바친 한국 인물들을 어린이책에서 더 자주 만날 수 있기를 기대한다.

다움북클럽
추천 도서

주체성

Q1 인물이 고정 관념에서 벗어나 자기 발견과 성장을 추구하나요?
Q2 인물이 타인에게 의존하지 않고 독립적으로 자아를 찾아 가나요?
Q3 인물의 개성이 성별 고정 관념으로 결정되지는 않나요?

바닷가 아틀리에

호리카와 리마코 글·그림, 김숙 옮김 | 북뱅크 | 20220825 | 일본 그림책
32쪽, 276×216mm | 16,000원 | ISBN 9788966351640

#그림
#화가
#예술
#우정

이제는 할머니가 된 주인공이 바닷가 아틀리에에서 보낸 자신의 소녀 시절을 손녀 앞에서 회상하는 이야기다. 마음의 어려움으로 학교를 쉬게 된 주인공은 화가 아줌마를 만나 그의 아틀리에에 드나들며 평온한 일주일을 보낸다. "세상 그 누구도 아닌 여기밖에 없는 나"의 소중함을 돌아보게 만드는 따뜻하고 부드러운 연대의 서사다. 화가 아줌마가 주인공과 주고받는 대화는 어린이를 존중하는 어른의 모습을 잘 보여준다. 수채 그림으로 표현한 여성의 자세가 당당하며 실내외 공간을 그려낸 구도의 독창성도 뛰어나다.

우리가 어른보다 똑똑해요

레프 톨스토이 원작, 하산 자레딘 그림, 김서정 옮김 | 보림 | 20230109 | 인도 그림책
44쪽, 145×195mm | 36,000원 | ISBN 9788943314842

#어린이
#다툼
#갈등
#화해

깨끗한 새 옷을 입고 물웅덩이에서 놀던 두 아이가 흙탕물을 튀기다가 말다툼을 벌인다. 이 싸움에 엄마와 아빠, 다른 어른들까지 끼어들면서 대체 왜 싸우는지 알 수 없을 지경으로 사태가 커지는데…. 어른들이 서로 헐뜯고 드잡이하는 사이 두 아이는 조용히 진흙을 털어 내고 물길을 막고 있던 돌멩이를 들어내 물이 흘러가게 한다. 톨스토이의 이 짧은 소설은 여전히 어린이들을 독립적인 존재로 바라보지 못하는 오늘날의 어른들에게도 시사하는 바가 크다. 모든 책을 수작업으로 만드는 것으로 잘 알려진 인도 타라북스에서 나온 책으로, 수제 종이에 활판 인쇄로 찍은 리놀륨 판화의 촉감을 느껴 보는 것도 특별한 독서 경험이다.

책이 사라진 세계에서

댄 야카리노 글·그림, 김경연 옮김 | 다봄 | 20230525 | 미국 SF 그림책
68쪽, 178×229mm | 21,000원 | ISBN 9791192148588

#책
#독서
#디지털문명
#SF
#경고

빅스가 사는 곳은 '눈'이라는 디지털의 도움과 감시를 받는다. 빅스는 우연히 지하 세계의 도서관에서 책을 접하고 문학과 예술, 역사에 관해 배운다. 빅스가 전달한 책을 통해 사람들은 자기 생각을 가지면서 조금씩 변하기 시작한다. 미래 도시를 배경으로 만일의 세계를 그려 냈지만 디지털 기기에 대한 의존, 일방적으로 제공되는 정보에 의해 삶이 결정되는 모습은 일부 현실과 다르지 않아 보인다. 책이 사라진 세계는 스스로 생각하고 깨닫고 선택할 수 있는 사람다운 삶, 주체적 삶을 지워 낸다. 유토피아와 디스토피아는 한 끗 차이일지도 모른다는 작가의 경고가 의미심장하게 다가온다.

셰에라자드: 우리의 이야기는 끝이 없지

나히드 카제미 글·그림, 김지은 옮김 | 키다리 | 20221209 | 이란 그림책
92쪽, 213×273mm | 16,800원 | ISBN 9791157856190

#이야기
#재해석
#이해
#경청
#변화

옛이야기 『아라비안나이트』에서 천 일 동안 쉬지 않고 이야기를 들려 주었던 '셰에라자드'를 어린이로 내세워 재해석한 이야기. 셰에라자드는 관찰과 경청 능력을 통해 타인의 삶을 이해하며 공감하는 인물이다. 우연히 만난 슬픈 표정의 아이를 지나치지 않고 자신이 가진 재능으로 세상을 바꾸기 위해 떠난다. 셰에라자드는 이야기를 통해 잘못된 걸 바로잡고 상대의 마음을 움직여 커다란 변화를 이끈다. 익숙하면서도 훨씬 더 새로워진 인물과 배경, 용감한 모험이 보여 주는 재미는 또 하나의 덤이다. 문학이 현실을 벗어나기 위한 도피 수단이 아니라 더 나은 세계를 만드는 가능성을 가지고 있다는 걸 믿게 만든다.

귀를 기울이면

나딘 로베르 글, 친 렁 그림, 강나은 옮김 | 작은코도마뱀 | 20230315 | 캐나다 그림책
72쪽, 190×245mm | 16,500원 | ISBN 9791197603990

#선택
#독립
#성장
#숲
#놀이

클로버는 숲속 작은 농장에 산다. 주변에는 재미있는 일이 많지만, 그 중에서 무얼 하면 좋을지 결정하는 일이 늘 너무 힘들다. 어느 날, 기르던 염소가 숲속으로 사라지자 클로버는 꼼짝없이 혼자서 결정을 내려야 하는 상황에 맞닥뜨린다. 언니 오빠는 없지만 숲에는 클로버를 도와 줄 존재들이 많다. 커다란 나무 안아 보기, 개울물 내려다보기, 풀밭에 누워 보기…. 자연 속에서 놀라운 집중력을 발휘해 내면의 소리에 귀를 기울이며 최선의 선택을 내린다. 혼자 있기를 두려워하지 않고 시야를 넓혀 가며 성장하는 주인공을 응원하게 된다.

기막힌 항해

소피 비시에르 글·그림, 김이슬 옮김 | 이마주 | 20230705 | 프랑스 동화
128쪽, 150×210mm | 14,000원 | ISBN 9791189044497

#모험
#여름캠프
#놀이
#협동
#우정

샤를리와 아드마, 마르트는 여름 캠프에서 말썽을 일으킨 벌로 카누를 타러 갈 수 없다. 세 친구는 직접 배를 만들기로 한다. 셋은 일을 협력하거나 분배하여 도서관에서 자료를 찾고, 숲에서 재료를 줍고, 배를 만드는 장소를 발견한다. 원하는 것을 얻기 위한 모든 과정이 이들에겐 모험이고 항해이다. 성별도, 인종도, 성향도 다양한 세 친구는 갈등하고 화해하는 과정에서 서로의 다름과 같음을 이해하고 인정하며 우정을 다진다. 작가는 책을 읽는 방법도 색다르게 제시했다. 책장 오른쪽에 표시된 색깔 원을 따라가면 세 친구 각자의 이야기를 들을 수 있다. 프랑스 여성 탐험가 잔느 바레에 관한 언급도 주목할 만하다.

명랑 춘향 여행기

하선영 글, 정은선 그림 | 작은코도마뱀 | 20231030 | 한국 동화
96쪽, 150×210mm | 13,000원 | ISBN 9791198186782

#모험

#여행

#우정

#전기수

#옛이야기패러디

 춘향이와 심청이가 이야기 속에서 만난다. 떠나간 연인을 기다리기보다 모험을 선택한 춘향이, 아버지를 위해 사는 게 아니라 자기 삶을 개척하려는 심청이는 친구가 된다. 함께 여행을 떠나는 두 아이의 통쾌한 속마음 대화를 통해 여성의 주체적 삶이 무엇인지 생각하게 한다. 여성의 목소리로 전승된 우리 이야기의 역사를 상상하게 하는 여성 전기수의 등장도 새롭다. 판소리계 옛이야기인 춘향전과 심청전을 나란히 읽으면서 두 작품 속 인물의 태도를 비교해 보는 것도 좋겠다.

깨어 있는 숲속의 공주

리베카 솔닛 글, 아서 래컴 그림, 홍한별 옮김 | 반비 | 20230612 | 미국 동화
64쪽, 194×246mm | 17,000원 | ISBN 9791192908786

#옛이야기패러디

#잠자는숲속의공주

#모험

#연대

#마법

오늘날 가장 주목받는 사상가 중 한 명인 리베카 솔닛이 다시 쓴 두 번째 옛이야기 그림책. 전작 『해방자 신데렐라』와 마찬가지로 인종을 추측할 수 없는 아서 래컴의 실루엣 그림을 이용했다. 마녀의 저주로 잠이 들었다가 왕자의 입맞춤으로 깨어난다는 '잠자는 숲속의 공주'에서 옛이야기가 지닌 생생함, 마법과 각성, 상징과 은유는 보존하고 현시대에 유효하지 않은 점은 과감히 수정하여 새로운 이야기로 재탄생시켰다. 어린이 독자가 젠더, 인종, 계급, 문화적 차별에 관해 생각해 볼 수 있도록 이끈다. 작가는 앞으로 자신의 이야기를 써 나갈 어린이들에게 말한다. "이제 이 이야기가 어떻게 끝났는지 알게 됐고요, 오늘 새로운 이야기들이 시작되겠네요." 어린이 각자가 자신을 주인공으로 한 이야기를 펼칠 수 있도록 응원하는 메시지다.

그리고 미희답게 잘 살았습니다 1,2

태 켈러 글, 제랄딘 로드리게스 그림, 송섬별 옮김 | 주니어김영사 | 20230925 | 미국 동화
240쪽, 216쪽, 136×209mm | 각 14,000원 | ISBN 9788934940883, ISBN 9788934940890

#공주이야기
#판타지
#나다움
#옛이야기
#모험

미국 매사추세츠주 메드퍼드에서 '박 동물 보호소'를 운영하는 박씨 부부의 딸이자, 키가 120센티미터 정도인 한국계 여자아이 미희 완 박은 누구보다 공주 이야기를 좋아하며 공주가 되고 싶어 한다. 그러던 어느 날 냉장고 속에서 무지갯빛 세상과 마주하게 되고 판타지 세계 속으로 모험을 떠난다. 자기 자신을 존중하는 것이야말로 가장 공주다운 모습임을 깨닫는 과정이 흥미진진하게 펼쳐진다. 뉴베리상을 수상한 작가 태 켈러의 판타지로, 후속권이 계속 출간될 예정이다.

사과의 사생활

조우리 글 | 위즈덤하우스 | 20231010 | 한국 청소년소설
196쪽, 145×220mm | 14,800원 | ISBN 9791168127838

#성
#성적욕망
#금기
#여성해방
#안전

나이, 역할, 성별 안에서 규정되는 여성과 청소년의 고민을 다섯 편의 소설로 풀어냈다. 조부모의 사랑, 자기다움, 성적 욕망 등 청소년들의 용감하고 과감한 목소리를 전한다. 작가는 관계와 연대의 방식으로 누군가의 무엇이 아닌 온전한 '나'로 살 수 있도록 힘을 실어 준다. 동명의 표제작「사과의 사생활」은 금기하는 여성 청소년의 성적 욕망을 드러내며 여성 해방의 길로 나아가고자 하는 '발칙한' 이야기다. 자신을 사랑하며 스스로 자기 몸과 마음의 안전을 지키는 이야기는 더 이상 예민한 주제가 아니어야 한다. 당연하고 건강한 연대의 기운과 응원이 담겨 있다.

자아 찾기ing

최상아 글 | 책폴 | 20230127 | 한국 청소년소설
272쪽, 140×205mm | 14,000원 | ISBN 9791197626791

#자아정체성
#휴머노이드
#탈북청소년
#온라인스토킹
#성장

휴머노이드 로봇, 외계인, 시간 여행자, 탈북 청소년 등 보편과 평범의 기준에서 밀려난 존재들을 주인공으로 삼아 정체성에 관한 질문을 던진다. 자기 모습 그대로를 인정받지 못하고 세상이 바라는 대로 살아가며 진정한 '나'는 누구인지 고민하는 이야기는 낯설지 않다. 우리는 어른이 되어서도 자신에 대해 끊임없이 고민한다. 작가 역시 완결된 이야기로 답을 내려 주기보다는 현재 진행형인 이야기를 통해 진정한 나의 갈망을 마주 보게 만든다. 특히 서동요나 세이렌처럼 익숙한 고전과 신화의 서사를 뒤집어 재해석한 이야기들은 이 시대의 정체성을 새롭게 제안하는 서사로 느껴진다.

너의 힘을 믿어 봐

자미아 윌슨 글, 앤드리아 피핀스 그림, 박혜연 옮김 | 봄볕 | 20230627 | 미국 어린이교양
64쪽, 235×276mm | 20,000원 | ISBN 9791193150009

#나다움
#힘
#연대
#꿈
#자기관리

나와 사회 사이에서 고민하는 초등학교 고학년부터 청소년 시기의 여자아이에게 필요한 이야기다. 어린 여성이 스스로 힘을 얻고 사용하는 법을 배우는 건 자기 생각과 영향력을 펼치는 것이며 결국 꿈을 이루는 데 도움이 된다. 저자는 자기 경험을 토대로 자매나 친구처럼 친근하고 사려 깊은 조언을 전한다. 힘, 연대, 선택, 행동, 자기 관리 등 다섯 가지 주제 안에서 문제를 짚고 제시하는 방법들이 꽤 실용적이다. 실천을 통해 스스로 자기 몸과 마음을 모두 살피면서 '나다움'의 정의를 획득하도록 이끄는 방식이 반갑다. 원서를 따른 것이겠지만 다소 산만하고 가독성이 떨어지는 판면 디자인은 아쉽다.

수줍어서 더 멋진 너에게

나디아 파이너 글, 사라 티엘커 그림, 채효정 옮김 | 예림당 | 20220815 | 영국 어린이교양
96쪽, 216×276mm | 16,000원 | ISBN 9788930298049

#수줍음
#성격
#기질
#내향성
#나다움

조금 수줍어하거나, 가끔 수줍어하거나, 항상 수줍거나, 전혀 수줍어하지 않는 모든 사람을 위한 그림책. 저자는 수줍음이 성격적 결함이나 고쳐야 할 특징이 아니라 그저 '마음에서 일어나는 느낌' 중 하나라고 이야기한다. 수줍음과 관련된 신체 반응을 이해하고 내가 가진 기질을 사랑하자는 메시지는 한 번쯤 수줍은 성격을 부끄러워한 적이 있을 많은 이들에게 큰 위로가 된다. 일상생활에서 수줍음 때문에 곤란한 상황이 생길 때 대처할 수 있는 구체적인 방안과 수줍은 나를 존중하는 친구 찾기, 수줍은 성격을 강점으로 만들며 내면의 잠재력 일깨우기 등 어린이의 생활과 성장에 도움이 되는 실용적인 내용이 가득하다.

몸의 이해

Q4 생명의 탄생 과정을 있는 그대로 알려 주고 있나요?
Q5 몸의 성장과 변화를 긍정적으로 바라보고 있나요?

뽀득뽀득 깨끗하게 씻어요

생 순 라타나반 글·그림, 황지현 옮김 | 봄봄출판사 | 20230616 | 프랑스 그림책
32쪽, 180×180mm | 15,000원 | ISBN 9791168630437

#청결
#위생
#신체관리
#자율성
#다양성

어린이들이 자기 몸을 스스로 씻을 수 있도록 친절하고도 자세하게 설명해 주는 유아용 그림책. 각기 다른 피부색과 머리 색, 눈동자 색을 가진 어린이들이 다양하게 등장하고, 작은 동물들도 어린이를 따라 구석구석 꼼꼼하게 몸을 씻는다. 어린이와 동물들 모두 각자 용도에 맞는 도구를 사용하거나 신체를 움직여 씻는 모습을 관찰할 수 있고, 그 과정에서 스스로 몸을 지키고 관리하는 법에 대해 자연스럽게 배울 수 있을 것이다.

내가 안아 줘도 될까?: 경계 존중 교육 그림책

제이닌 샌더스 글, 세라 제닝스 그림, 김경연 옮김 | 풀빛 | 20190125 | 호주 그림책
40쪽, 216×280mm | 13,000원 | ISBN 9791161721149

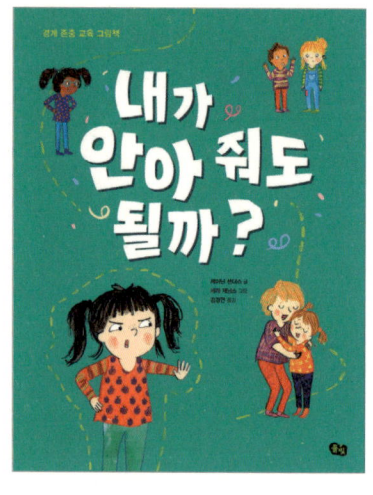

#경계존중
#동의
#성폭력예방
#성교육
#다양성

'경계', '동의'를 살아 숨 쉬는 개념으로 만들어 주는 책. 사람과 사람 사이에 분명히 존재하지만 보이지 않는 경계를 시각화하여 이해하기 쉽게 설명한다. 어린이 일상 속의 구체적인 장면을 통해 동의와 경계 존중이 필요한 순간을 알려 준다. 갓난아기를 안을 때도 표정, 몸짓을 살피면서 아기의 경계를 존중해야 한다는 대목은 동의란 형식적인 말의 교환 이상임을 보여 준다. 다양한 사례를 하나하나 생각하고 연습하다 보면 경계 존중 능력이 조금씩 자라날 것이다. 최신 성폭력 예방 교육에서는 기존의 '안 돼요, 싫어요, 하지 마세요'로 대표되는 피해 예방 교육을 넘어 경계, 동의, 존중을 가르치는 가해 예방 교육을 강조하고 있다. 다른 사람의 신체적, 심리적 경계를 존중하는 것이 성폭력 예방의 첫걸음이기 때문이다.

청소년이 성을 알면 달라지는 것들
: 몸, 마음, 관계에서 나를 찾아 가는 성교육

김경아 글 | IVP | 20230201 | 한국 청소년교양
192쪽, 137×195mm | 11,000원 | ISBN 9788932819891

#기독교적성교육
#청소년성교육
#사춘기
#성평등
#포괄적성교육

교회와 학교 등에서 성교육을 하는 김경아 강사가 쓰고 '한국기독학생회출판부'에서 펴낸 청소년 성교육 도서. "하나님은 우리의 몸이 성적 쾌감을 경험하도록 우리를 지으셨어요. 우리가 사랑하는 이와 성적 즐거움을 누리는 것을 기뻐하세요." 들어가는 말에 있는 문장처럼 이 책은 기독교적 성교육 하면 떠오르는 금욕주의적 시각 대신 '쾌락-사랑-생명'의 연결 고리를 강조한다. 청소년들이 성적인 존재로 잘 살아갈 수 있기를 바라는 따뜻한 어른의 시선이 담겨 있다. 사춘기, 자존감, 자위 같은 기본적인 내용뿐 아니라 성평등, 젠더 감수성, 동성애, 그루밍 성범죄 등 포괄적 성교육의 주요 이슈에 관해서도 꼼꼼하게 짚어 준다. 죄책감과 두려움을 심어 주는 보수적 성교육을 넘어서서 좀 더 성숙한 기독교적 성인지 감수성을 갖고자 하는 청소년과 양육자에게 추천한다.

여자 사전: 여자도 몰랐던 내 몸 이야기
남자 사전: 별게 다 궁금한 사춘기 소년들을 위한 몸 안내서

니나 브로크만 • 엘렌 스퇴켄 달 글, 망힐 비스네스 그림, 신소희 옮김 | 초록서재
20210525, 20230331 | 노르웨이 청소년교양 | 268쪽/264쪽, 145×205mm
각 23,000원 | ISBN 9791197456305, ISBN 9791192273082

#포괄적성교육
#청소년성교육
#내몸이해
#자기긍정
#성과사랑

전 세계 17개국에서 번역된 노르웨이 성교육 필독서. 성기, 가슴, 털, 호르몬, 뇌 등 몸의 구석구석을 자세히 알려 주고 몸과 성에 대한 오해를 풀어 주는 보물 같은 성교육 사전이다. 최신 의학 지식을 바탕으로 한 전문가의 친절한 설명을 듣다 보면 성적 호기심은 해소되고 내 몸을 긍정적으로 바라보게 된다. 임신 과정, 자위, 연애, 성관계, 성폭력, 포르노 등에 대한 잘못된 통념도 짚어 준다. 사춘기를 신체적, 심리적으로 안전하게 통과할 수 있도록 도와 주는 확실한 가이드다. 독자의 성별이 무엇이든 나 자신과 타인을 이해하기 위해 두 권 모두 보길 권한다. 다만 본문에서 젠더는 신체적인 것이 아니며 이분법으로 나뉘지 않는 스펙트럼이라고 설명한 데 비해 한국어판 표지에는 염색체 XX, XY를 제목자에 끼워 넣은 점, 표지 그림에서 월경하는 육체로 표현된 소녀와 성적 즐거움을 만끽하는 소년 이미지의 대비는 비판적으로 생각할 여지가 있어 보인다.

소녀들의 섹슈얼리티: 내 몸 내 마음 내 감정에 관한 소녀들의 성 상담

이수지·노하연 글 | 한언출판사 | 20220901 | 한국 청소년교양
232쪽, 128×188mm | 17,000원 | ISBN 9788955969337

#청소년성교육

#포괄적성교육

#내몸이해

#자기긍정

#성과사랑

소녀들은 어려서부터 자기 몸을 부정하고 남의 몸을 선망하는 데 익숙하다. 성에 대한 호기심은 점점 커져 가지만 드러내기 쉽지 않고, 기회가 생겨도 불안과 두려움이 가득하다. 소녀들에게 이런 고민을 나눌 수 있는 언니나 이모가 가까이 있으면 얼마나 좋을까. '성문화연구소 라라'의 공동 대표이기도 한 두 저자는 사려 깊은 언니처럼 소녀들의 고민에 공감해 주고, 자기 경험을 나누며, 한 걸음 더 나아갈 방법을 제안한다. 외모 콤플렉스, 월경과 청결 관리부터 시작해서 연애와 성 경험, 임신, 성폭력, 나아가 페미니즘과 여성 혐오까지 평범한 소녀들이 가질 법한 실질적인 고민과 그에 대한 해결의 실마리가 담겨 있어, 청소년뿐만 아니라 그들을 이해하고 싶은 양육자·교사가 함께 읽을 만하다.

십 대를 위한 몸매 안내서: 나다운 몸, 멋진 몸, 행복한 몸

도미니크 아델 카수토 글, 티티페 그림, 류은소라 옮김 | 원더박스 | 20230908 | 프랑스 어린이교양
119쪽, 143×210mm | 15,000원 | ISBN 9791192953120

#내몸이해

#내몸긍정

#비만공포증

#외모규범

#자기긍정

획일화된 아름다움의 기준에서 벗어나 신체 사이즈, 피부색, 나이 등에 상관없이 다양한 몸을 있는 그대로 받아들이자는 '바디 포지티브(내 몸 긍정주의)'를 주제로 한 반가운 책. 무리한 다이어트의 부작용으로 고통받거나 비만으로 고민하는 십 대를 상담하고 치료해 온 저자의 경험을 차곡차곡 정리하였다. 마른 몸을 칭송하는 대중문화 속에서 살고 있는 청소년의 정신적, 신체적 건강을 지키는 데 필요한 현실적인 이야기를 친절하게 들려준다. 건강하고 정상적인 몸에 대한 올바른 기준, 비현실적인 외모 규범을 바라보는 비판적 관점과 신체 이형 장애, 비만 공포증, SNS와 자존감의 관계 같은 심리적 문제까지 촘촘하게 담았다. 내 몸의 한 부분이라도 마음에 들지 않는다면 거울 대신 이 책을 보자.

친애하는 나의 몸에게: 나로부터 시작하는 몸 긍정 혁명

치도 글, 시미씨 그림 | 주니어RHK | 20230315 | 한국 청소년교양
188쪽, 148×200mm | 15,000원 | ISBN 9788925576862

#내몸이해
#내몸긍정
#다이어트
#외모
#운동

어린 시절부터 자신을 괴롭혀 온 외모 콤플렉스와 낮은 자존감, 다이어트 강박과 섭식 장애 등을 돌아보며, 자기 몸 긍정의 필요성과 가치를 전하는 청소년을 위한 실용서이다. 저자 치도는 국내 1호 내추럴 사이즈 모델이자 몸 긍정 운동가, 패션 유튜버로 활동하고 있다. 청소년기의 바람직한 신체상은 건강권과 밀접하다. 내 몸을 남과 비교하거나 몸 때문에 고민해 본 적이 있는 성장기 청소년이라면 비만, 다이어트, 운동, 패션, 사랑 등 항목마다 자가 점검표와 스스로 훈련법 등 지속 가능한 현실적 조언까지 꼼꼼하게 배치한 치도 언니의 조언을 따라가 보자. 시미씨의 귀엽고 사랑스러운 그림도 시선을 사로잡는다.

스타피시: 커다랗고 아름다운 어느 여자아이에 관한 커다랗고 아름다운 책

리사 핍스 글, 강나은 옮김 | 아르테 | 20220824 | 미국 청소년소설
288쪽, 140×210mm | 18,500원 | ISBN 9788950911416

#내몸긍정

#다이어트

#자존감

#가족

남의 시선이 아니라 내 몸으로 행복하게 살고 싶은 사람을 위한 이야기다. "고래들은 헤엄을 친다. / 똑똑하다. / 커다란 마음이 있다. / 목소리가 있다. / 고래라고 불리는 것이 늘 싫었다. / 하지만 그 말은 사실 칭찬이다. / 고래는 커다랗다. / 경이로운 생명체다. / 그리고 아름답다." 누구도 나를 자로 잴 수 없다는 해방의 노래가 운문 소설의 리듬을 타고 흐른다. 나를 받아들이는 방법은 세상이 아니라 내가 결정한다는 청소년의 선언이 아름답다. 자신의 몸을 함부로 재단한 가족과 손쉽게 화해시키지 않는 결말도 인상적이다.

내 아이를 지키는 성인지 감수성 수업

서현주 글 | 위즈덤하우스 | 20231026 | 한국 양육자교육
288쪽, 130×190mm | 17,000원 | ISBN 9791168128279

#내몸긍정

#내몸이해

#성교육

#양육자교육

#성인지감수성

딸, 엄마, 양육자, 초등 교사, 성교육 활동가라는 저자의 경험이 젠더와 교육이라는 렌즈를 거치며 다채롭게 전해진다. 인터넷과 미디어의 정보 홍수 속에서 어린이와 청소년들이 건강하게 자라려면 성인지 감수성 교육이 꼭 필요하다. 이는 양육자의 인식 변화에서 출발한다. 성교육에 대하여 부담감을 느끼는 양육자라면 가장 현실적이고 핵심적인 지침을 이 책에서 발견할 것이다. 생명의 탄생 과정, 경계 존중 교육, 성별 고정 관념 깨기, 혐오 표현 알기, 가족 다양성, 약자와의 진정한 연대 등 성인지 교육의 핵심과 저자의 현장 경험이 흥미롭게 어우러진 섬세하고 명확한 성교육 가이드이다.

너의 몸은 너의 것이야: 경계존중으로 시작하는 우리 아이 성교육 부모 가이드

엘리자베스 슈뢰더 글, 신소희 옮김 | 수오서재 | 20230310 | 미국 양육자교육
188쪽, 130×200mm | 14,000원 | ISBN 9791190382977

#경계존중
#동의
#성교육
#양육자교육
#내몸긍정

경계 존중과 동의에 대해 가르치는 것이 왜 중요할까? 언뜻 추상적이고 너무 기초적인 상식처럼 보이기도 하지만, 자기 몸을 제대로 알고 신체 경계를 확실히 인식하는 것은 가장 효과적인 아동 성폭력 방지 수단이라고 한다. 책의 카피처럼 자신을 소중히 여기고 다른 사람을 존중하고 성에 관한 편견이 없는 어른으로 성장하기 위해서는 내 몸 긍정, 나와 타인의 경계 설정, 성적 자기 결정권과 동의에 관해 명확히 인식하는 것이 중요하다. 특히 가족과 친지가 어린이에게 스스럼없이 신체 접촉을 하는 것을 당연히 여기는 문화가 여전한 우리나라의 어른들에게도 경계 존중과 동의를 인식시키는 것이 시급하다. 그러한 가치와 태도가 왜 중요한지 쉽고 명확하게 설명하는 이 책을 주위에 어린이가 있는 모든 어른들이 한 번쯤 읽어 보았으면 한다.

일의 세계

Q6 인물이 성별 차이 없이 다양한 영역에서 활동하나요?
Q7 인물이 성별 차이 없이 다양한 지위에서 동등한 역할을 하나요?
Q8 여성 인물의 노동을 본인, 가족, 동료, 사회가 존중하나요?

오늘보다 더 멋진 내일을 만들어요

리베카 후이 글, 안넬리 브레이 그림, 손성화 옮김 | 피카주니어 | 20230120 | 영국 어린이교양
40쪽, 240×280mm | 15,000원 | ISBN 9791197419188

#어린이기업가
#사회적기업
#사회운동
#기후위기
#직업활동

'멋진 미래를 위해 오늘의 지구를 살리는 어린이 기업가 12명의 실제 이야기'. 기후 위기 시대에 사회적 기업 활동을 통해 지구를 지키고자 노력하는 어린이들의 다양한 시도를 구체적으로 보여 주는 논픽션 그림책이다. 패스트 패션 대신 유기농·재활용 소재로 옷을 만드는 미국의 마야, 모든 여성이 예술을 즐기고 교육을 받도록 힘쓰는 말라위의 츔바, 버려질 음식을 어려운 사람들과 나누는 중국의 지아화 등 전 세계에서 활약하는 실제 어린이들의 이야기가 담겨 있다. 주식 투자나 돈 버는 법 위주의 경제 교육이 어린이의 기본 교양처럼 여겨지는 시대에, 공익을 생각하는 어린이 사회적 기업가의 사례가 어린이들에게 더 큰 영감을 줄 수 있을 것이다.

어제보다 더 따뜻한 오늘을 만들어요

롤 커비 글, 야스 이마무라 그림, 손성화 옮김 | 피카주니어 | 20230120 | 영국 어린이교양
40쪽, 240×280mm | 15,000원 | ISBN 9791197419171

#어린이운동가
#사회운동
#인권운동
#공동체
#사회참여

'매일 작은 실천으로 더 나은 세상을 만드는 어린이 운동가 12명의 실제 이야기'. 아직 어리다고 주저하기보다 자신의 신념을 행동으로 옮겨 세상이 조금 더 나아지는 데 기여한 어린이들의 활동을 소개한다. 이 어린이들의 관심 주제는 어르신 외로움, 거리의 어린이, 다양성 어린이책, 공동체 텃밭, 장애인 인권 운동, 청소년 정신 건강, 난민 어린이, 의료 봉사 등 범위가 매우 다양하다. 눈앞의 작은 문제만 바라보기보다 넓은 세상의 다양한 아이들이 어떻게 살아가며 그 작은 손으로 세상을 바꾸는 데 어떻게 기여하고 있는지 시야를 넓힐 수 있다. 한국의 현실은 어떠한지, 비슷한 문제를 어떻게 해결해 가고 있는지 짚고 넘어가는 것도 의미 있는 독서가 될 것이다.

성냥팔이 소녀의 반격

엠마 캐롤 글, 로렌 차일드 그림, 노지양 옮김 | 다산어린이 | 20230615 | 영국 동화
204쪽, 129×198mm | 15,000원 | ISBN 9791130643601

#성냥팔이소녀
#성냥공장노동자파업
#노동조합
#사회운동
#역사동화

안데르센의 「성냥팔이 소녀」는 오랜 기간 많은 사람들에게 사랑을 받았다. 작가는 유명해지고 돈을 많이 벌었다. 독자는 이름 없는 소녀를 동정함과 동시에 자신의 처지는 그나마 낫다는 위로를 받았다. 정작 주인공인 성냥팔이 소녀는 마법의 힘을 지닌 성냥을 지녔음에도 왜 그렇게 비참한 죽음을 맞이해야 했을까? 여기 '브리디'라는 이름의 소녀가 있다. 동화 속 소녀처럼 매일 성냥을 팔지만 브리디는 훨씬 더 나은 결말을 스스로 만들어 나간다. 공평하지 못한 세상 소리에 귀 기울이고, 사람들과 함께 노동조합을 만들고, 이 모든 일을 기록으로 남긴다. 세상의 부조리에 순응하지 않고 안과 밖을 향해 단단한 목소리를 내는 것. 그래서 같은 뜻을 지닌 사람들이 모여 세상을 바꾸어 가는 것. 이게 바로 모든 사람들이 지니고 있는 마법의 발현일 것이다.

프런트 데스크

켈리 양 글, 이민희 옮김 | 다산어린이 | 20230405 | 미국 동화
348쪽, 129×198mm | 16,000원 | ISBN 9791130698649

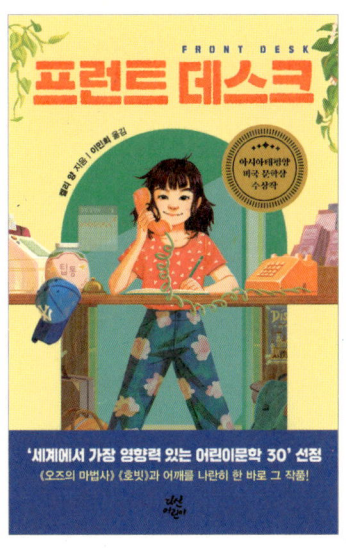

#이민자
#이주민차별
#인종차별
#연대
#일하는어린이

배경은 1993년 미국 캘리포니아 디즈니랜드 인근 마을. 모텔 관리를 하는 중국인 이민자 부모님을 도와 프런트 데스크에서 일하는 미아의 이야기다. 열 살 미아는 어른 몫의 노동을 하며 세계를 알아 간다. 미아 가족의 노동 환경은 당시 미국의 인종 차별, 이주민 차별로 무척 고단하다. 그럼에도 미아는 자기가 맡은 프런트 데스크에 버티고 서서 자신의 삶에 필요한 일을 적극적으로 찾는다. 나아가 이주민들, 가난한 이들과 손잡고 혹독한 자본주의에서 포기하지 않고 살아남는 법을 찾는다. 어린이에게 자본 투자가 경제 교육의 전부인 양 전해지는 요즘 상황에서 노동, 자본, 계층의 근본 의미를 실감나게 이야기하는 책이다.

가족

Q9 다양한 가족 형태를 긍정적으로 보여 주나요?
Q10 모든 가족 구성원의 의사 결정권이 존중되나요?
Q11 가사 노동과 돌봄 노동에 모든 가족 구성원이
　　　 능동적으로 참여하나요?

네가 오는 날

돌로레스 브라운 글, 레자 달반드 그림, 정화진 옮김 | 창비교육 | 20220107 | 미국 그림책
36쪽, 220×290mm | 13,000원 | ISBN 9791165701086

#입양가족
#기다림
#가족애
#육아
#성장

양육자가 아이와의 만남을 기다리던 지난한 시간과 마침내 처음 만난 순간을 되새기며, 그때의 감정을 아이에게 들려주는 그림책. 아이를 만나기 전에 아이의 눈이 어떤 색깔이고 이름은 무얼지 상상하는 장면을 통해 이 가족이 입양을 통해 맺어진 관계임을 추측할 수 있다. 하지만 만남에 대한 기대감과 만남 이후의 행복은 입양 가족이든 어떤 가족이든 전혀 다를 것이 없다. 어떻게 가족이 되었는가보다 더 중요한 것은 함께한 소중한 시간들과 서로를 아끼는 마음이니까. 때로는 지치고 힘든 육아의 과정을 '서로를 알아 가는 멋진 일'로 표현하며 어린이의 성장을 추억한다.

코모도 코코의 특별한 생일

민아원 글·그림 | 봄봄출판사 | 20231027 | 한국 그림책
56쪽, 232×234mm | 16,000원 | ISBN 9791168630529

#가족
#한부모가정
#코모도왕도마뱀
#다양성
#자연스러움

코코의 가족은 둘이다. 다른 친구들의 가족사진을 보고 코코는 왜 우리 가족은 둘뿐인지 궁금해졌다. 새로운 가족을 찾아 떠난 코코는 다양한 동물들을 만나지만 각자 다른 공동체를 가지고 있기에 쉽지 않다. 이 책은 암컷 혼자 유전자를 복제해서 새끼를 낳는 '코모도왕도마뱀'을 주인공으로 삼아 가족의 의미를 다시 돌아보게 한다. 작가는 우리 사회의 '자연스럽다'라는 말이 실제 자연에서는 당연하지 않다는 걸 동물들의 다양한 가족 형태를 보여 주며 역설의 방식으로 일깨운다. 다양성이 온전히 인정받으려면 본능과도 같은 자연스러움이 필요하다. 세상 모든 코코들의 행복을 응원하는 마음이 담긴 책이다.

나는 사자

경혜원 글·그림 | 비룡소 | 20210628 | 한국 그림책
44쪽, 260×240mm | 14,000원 | ISBN 9788949102566

#가족
#엄마
#모성
#성역할
#사자

다큐멘터리를 보는 듯 생동감과 긴장감 넘치는 화면에 사자들의 생태가 밀도 있게 담겨 있다. 오랫동안 『라이언 킹』 같은 애니메이션을 통해 쌓인 오해와 달리, 실제로 사자 세계는 모계 중심 사회라고 해도 좋을 만큼 민첩하고 주도면밀하게 사냥을 이끄는 것도, 새끼를 낳아 기르며 책임 있게 무리를 지키는 것도 암사자들의 몫이다. 강력한 카리스마와 깊은 애정으로 공동체를 지키는 암사자의 모습에서 우리 어머니들을 떠올리는 것은 몹시 자연스럽다. 『나는 사자』로 사자 세계의 진실을 처음 접했다면, 다음 독서는 『푸른 사자 와니니』 시리즈로 이어지는 게 적절하겠다.

넌 누구니?

노혜진 글, 노혜영 그림 | 비룡소 | 20221118 | 한국 그림책
48쪽, 300×218mm | 16,000원 | ISBN 9788949102610

#여성사
#한국현대사
#할머니
#어머니

언니가 글을 쓰고 동생이 그림을 그리며 양가 할머니의 삶을 평행으로 따라간 근대 한국 여성사이다. 책 속의 두 여성과 책 밖의 두 여성이 연결되는 과정에 그들이 사용한 물건이 놓여 있고 이 물건들은 당사자들이 지녔던 꿈과 열정을 드러낸다. 동시에 시대의 한계와 모순 속에서 여성들이 경험한 고단한 현실을 우회적으로 상징한다. '넌 누구니?'라는 표제의 질문이 앞으로 여성의 삶은 어떠해야 하는가를 묻는다. 섬세하고 사실적인 그림에 표현된 곡진한 감동이 있다.

갈림길

윤슬 글, 양양 그림 | 웅진주니어 | 20230721 | 한국 동화
116쪽, 140×210mm | 12,500원 | ISBN 9788901272597

#가족위기
#친구
#위로

이 책에 나오는 어른들은 믿고 의지할 수 있는 상대가 아니다. 오히려 위협을 가하거나 어린이를 위험에 처하게 만든다. 유나는 술에 취한 아빠를 피해 방문을 잠근다.(「갈림길」) 솔이의 아빠는 알코올 중독으로 요양원에 입원해 있다.(「긴 하루」) 소라네 아빠는 헤어진 전 아내에게 소라를 맡기고 사라진다.(「잠이 오지 않는 밤」) 어린이라고 불행을 모를까. 어른의 무책임한 행동은 어린이들이 "검고 깊은 저수지를 오래 들여다보"게 만든다. 작가는 독자에게 묻는다. 위태롭게 휘청이는 친구의 옆에서 함께 걸을 수 있겠느냐고. 갈림길 앞에서의 선택은 어린이 각자의 몫이다.

사회적 약자

Q12 사회적 약자의 자기 발견과 성장을 편견 없이 보여 주나요?
Q13 사회적 약자는 보조적인 인물로만 등장하지는 않나요?
Q14 다양한 계층과 문화권의 여성을 현실적으로 보여 주나요?

우리 집에 놀러 와

엘리자 헐·샐리 리핀 글, 대니얼 그레이 바넷 그림, 김지은 옮김 | 위즈덤하우스 | 20230414
호주 그림책 | 40쪽, 225×275mm | 16,000원 | ISBN 9791192655192

#장애

#가족

#다양성

#이웃

누구나 다 똑같은 구조의 아파트에서 살고 있지는 않다. 이 책에는 일곱 가족이 등장하는데, 각자 자신들에게 가장 편안하고 즐거울 수 있는 집을 개성 있게 꾸미고 살아간다. 이들의 초대를 받아서 간 집에는 손가락으로 책을 읽어 주는 시각 장애인 엄마, 갈고리가 달린 의수로 척척 나무 집을 짓는 아빠, 소음을 차단하는 헤드폰을 쓰고 노는 아이, 지적 장애가 있는 엄마를 돕는 활동 보조인과 함께 살고 있는 아이 등 다양한 가족들이 등장한다. 대니얼 그레이 바넷의 화사한 그림을 따라 곳곳을 구경하노라면, 장애와 비장애를 구분하는 일이 별 의미가 없다고 느껴진다. 어떤 친구네 집에서 놀더라도 신기하고 즐거운 건 똑같으니까!

우리가 보이나요?

발레리아 마리 글, 프란시스카 데 라 세르다 그림, 김정하 옮김 | 키다리 | 20230519 | 칠레 그림책
40쪽, 210×260mm | 14,000원 | ISBN 9791157856367

#반려동물
#동물유기
#동물입양
#대안가족
#교감

'코코'와 '미니나'는 인간들에게 버려진 뒤 도시의 '보이지 않는 점'으로 떠돌며 살아간다. 둘은 대도시 생활에 적응하지 못하고 정처 없이 길을 걷는 한 여자를 발견하고 조용히 위로를 건넨다. 사람 또한 이곳에서 '보이지 않는 점'이 될 수 있음을 알게 된 것이다. 사람에게 버림받았으면서도 사람의 아픔을 알아보고 먼저 다가간 것은 코코와 미니나였다. 두 마리 개를 자신의 삶으로 받아들인 여자는 비로소 다른 사람들에게도 마음을 열게 되었다. '반려동물'이란 인간의 돌봄을 받기만 하는 수동적인 존재가 아니라 사랑과 교감을 통해 인간을 더 나은 존재로 만들어 주기도 하는 '짝'(伴, 侶)인 것이다.

마리나

니콜라우스 하이델바흐 글·그림, 이명아 옮김 | 곰곰 | 20230830 | 독일 그림책
38쪽, 217×282mm | 15,000원 | ISBN 9791196714796

#존엄성
#존중
#공감
#관계맺기
#난민

두꺼운 패딩 조끼와 어울리지 않는 여름 슬리퍼를 한 짝만 신고 머리는 곱게 땋아 올린 어느 소녀가 바닷가에 나타난다. 주인공 형제는 소녀를 집에 데려와 보살피며 '마리나'라고 부른다. 내내 입을 닫고 있다가 드디어 말문을 연 마리나는 자신이 바닷속 공주이며 왕국에는 사람들이 바라는 게 다 있다고 신나게 설명한다. 마리나가 안내하는 환상적인 바다 세상에 빠져드는 동생과 달리 형은 다 거짓말이라며 모욕을 주는데, 과연 진실은 무엇일까? 의심을 받으면서도 당당하게 자신을 지키는 굳센 마리나에게서 어떤 비극적 상황에도 굴하지 않는 자존감이 전해지며, 마리나를 받아들이는 형제의 상반된 태도에서 낯선 존재를 대하는 우리의 자세를 돌이켜보게 된다.

나의 우주를 보여 줄게

아나 타우베 글, 나타샤 베르거 그림, 유영미 옮김 | 뜨인돌어린이 | 20230609 | 독일 그림책
52쪽, 231×310mm | 15,000원 | ISBN 9788958079606

#다양성
#나다움
#자폐스펙트럼
#장애이해

자폐 스펙트럼에 속하는 아이들의 행동을 '자신만의 우주'를 지키는 일에 비유해 설명하는 책. 혼자 있는 것을 좋아하고 상상력이 풍부한 미라, 자신만의 규칙이 흐트러지지 않아야 마음이 편안한 팀, 아주 예민해서 작은 일에도 크게 상처받는 자라, 마음속 화를 주체하지 못해 주변을 망가뜨리는 아론, 새로운 것을 좋아하는 로빈, 낯선 것을 두려워하는 리아 등의 내면세계를 이 책을 통해 탐험할 수 있다. 일반적이지 않은 방식이지만 스스로 장애물을 넘어서고, 친구를 돕고, 새로운 것을 배워 나가는 이 아이들을 이해하는 일은 인간의 또 다른 가능성을 발견하고 잠재력을 확장하는 일이기도 할 것이다.

더 이상의 '안 돼'는 거절하겠어!: 장애 인권 운동가 주디스 휴먼의 이야기

메리앤 코카-레플러 글, 비비안 밀덴버거 그림, 김여진 옮김 | 웃는돌고래 | 20221215
미국 어린이교양 | 48쪽, 216×268mm | 13,000원 | ISBN 9788997715855

#주디스휴먼
#장애인권운동
#장애인차별
#장애인이동권

휠체어를 탄 주디는 어딜 가나 '안 돼'라는 말을 듣고 살았다. 우여곡절 끝에 대학을 졸업하고 교사 자격증에 도전했을 때도 마찬가지였다. 결국 주디는 1970년 뉴욕시 교육위원회를 상대로 소송을 제기해 이겼다. 낮에는 초등학생들을 가르치고 주말과 밤에는 장애인의 권리를 위해 싸우던 주디는 장애인 차별을 금지하는 '재활법 504조'의 통과를 위한 전국적 시위를 벌이기에 이른다. 20일 동안 연방 정부 건물에 들어가 농성을 벌이고 수도인 워싱턴 DC를 향해 행진하는 등의 시위 끝에 드디어 재활법 504조가 통과된다. 여전히 지하철과 버스를 타기 위해 시위를 벌이는 한국의 장애인들을 생각한다. 다 함께 "왜 안 돼?"를 외쳐 주자.

나의 고래를 위한 노래

린 켈리 글, 강나은 옮김 | 돌베개 | 20200810 | 미국 청소년소설
304쪽, 140×210mm | 14,000원 | ISBN 9788971993453

#수어
#농인
#고래
#자기긍정
#모험

25년간 교실, 병원, 크루즈(!) 등지에서 수어 통역사로 일한 작가의 경험과 전문 지식으로 수어의 세계를 섬세하게 그렸다. 농인인 아이리스에게 수어는 청각 '장애'나 구어 능력의 '결여'를 보완하는 언어가 아니라 그 자체로 완결되고 독립된 언어다. 아이리스는 우연히 55헤르츠의 주파수를 지닌 고래 '블루55'를 알게 되고 학교 오케스트라의 도움을 받아 55헤르츠의 노래를 완성한다. 여느 고래와 주파수가 달라 무리에 끼지 못하고 홀로 바다를 유영하는 블루55에게 혼자가 아니라는 사실을 알려 주기 위해서다. 고래에게 직접 노래를 들려주려고 알래스카로, 오리건 주의 올리버곶으로 고래의 여정을 쫓던 아이리스는 자신의 수어와 농인으로서의 삶을 자각하고 확신한다.

아래층 소녀의 비밀 직업

스테이시 리 글, 부희령 옮김 | 우리학교 | 20230102 | 미국 청소년소설
424쪽, 135×210mm | 17,000원 | ISBN 9791167550859

#이민자
#신문
#다양성
#차별

열일곱 살 중국인 여성 조 콴은 할아버지와 함께 '아래층'에 산다. 월세를 낼 돈도, 보장된 신분도 없어 '포커스' 신문을 운영하는 벨 씨네 지하실에 몰래 숨어 살았다. 신문 독자를 늘리지 못하면 집이 넘어간다는 사실을 알게 된 조는 보금자리를 잃지 않으려고 필명으로 '포커스' 신문에 칼럼을 연재하기 시작하는데 이것이 바로 조의 '비밀 직업'이다. 학교에 다닌 적도 없던 조가 쓰는 칼럼은 독자에게 큰 인기를 얻는다. 조는 유색 인종 여성으로 겪는 차별을 글쓰기로 헤쳐 나간다. 조의 칼럼과 이야기는 생생하고 흥미로우며 다양한 정체성들의 정치를 상상하게 한다. 작가 스테이시 리는 중국계 미국인 4세로, 선조들의 오래된 이야기를 생기발랄한 상상과 결합해 고전 성장 서사로 엮었다.

너의 목소리를 보여 줘 1,2   1 수어의 섬, 마서스비니어드
2 베일 저택의 비밀

앤 클레어 르조트 글, 조응주 옮김 | 휴머니스트 | 20230911, 20231218 | 미국 청소년소설
336쪽, 320쪽, 135×200mm | 각 16,000원 | ISBN 9791170870425, ISBN 9791170870890

#농인
#청각장애
#수어
#차별
#공동체

섬 주민 모두가 수어를 구사했던 19세기 미국 마서스비니어드섬을 배경으로, 농인 당사자 작가가 쓴 역사 소설. 청인이 다수자라는 착각을 문학적으로 무너뜨리는 작품이다. 수어를 문장으로 읽으며 시각적으로 상상하는 독특한 경험을 하게 된다. 이 책을 통해 농인의 삶에는 더 가까이 가게 되고 언어의 세계는 더 광활해진다. 여성 장애인 당사자의 치열한 삶의 서사다.

표현

Q15 표정, 자세, 차림새 등의 그림이 성별 고정 관념에 따라 표현되지는 않나요?

Q16 비인간 등장인물이 성별 고정 관념에 따라 의인화되지는 않나요?

Q17 배경 그림에서 인물과 상황의 묘사가 성별 편견 없이 다양한가요?

나는 나비야!

마크 마제브스키 글·그림, 홍연미 옮김 | 소원나무 | 20230420 | 프랑스 그림책
48쪽, 203×305mm | 15,000원 | ISBN 9791198145772

#가족
#이해
#자기표현
#의상
#나다움

나비를 사랑하는 소년이 있다. 숲속 작은 집에 아빠와 함께 사는 소년은 하염없이 나비를 그리고 또 그리더니 급기야는 자신이 나비가 되어 날아 보기로 한다. 하지만 이 모습을 본 또래 친구들은 자기들처럼 평범하게 공놀이나 하며 놀지 않는 소년을 놀려 대고는 정성껏 만들어 붙인 날개를 잡아 뜯는데…. 또래 친구들과 비슷한 취미와 관심사를 가지고 튀지 않게 행동해야 한다는 것은 성장기의 크나큰 압박이다. 하지만 모든 사람에게 이해받고 모든 사람과 좋은 관계를 유지해야 하는 건 아니다. 나만의 남다른 부분을 이해하고 지지해 주는 단 한 사람은 인생에서 얼마나 커다란 선물인지!

나는 나야, 나!

세라 오리어리 글, 친 렁 그림, 강나은 옮김 | 작은코도마뱀 | 20230420 | 캐나다 그림책
40쪽, 216×254mm | 14,000원 | ISBN 9791198186737

#나다움
#다양성
#개성
#자존감

어린이들이 진짜 듣고 싶은 질문은 무엇일까? 적어도 내가 '여자인지, 남자인지' 성별을 따지거나 '왜 항상 책만 보는 건지' 묻거나 '왜 그렇게 꼬마 같냐' 같은 건 아닐 것이다. 이 책에 등장하는 어린이들은 저마다 성별, 인종, 체형, 취미, 가족 사항이 다른데도 비슷하고 재미없는 질문들에 시달린다. 어린이들은 말한다. "내가 못 하는 일을 묻지 말고, 내가 할 수 있는 일을 물어봤으면 좋겠어!" 다름과 다양성이 자신들의 미래에 어떤 방해물도 되지 못한다는 걸 알기 때문이다. 어린이에게 좋은 답을 얻기 위해서 어른이 먼저 해야 할 일이 있다. 바로 좋은 질문을 던지는 것. 그래도 어린이들이 제일 좋아하는 질문은 역시 이거다. "우리 같이 놀래?"

오늘은 네 차례야

맥 바넷 글, 케이트 베루브 그림, 신형건 옮김 | 보물창고 | 20230505 | 미국 그림책
32쪽, 245×270mm | 16,000원 | ISBN 9788961708999

#수줍음
#용기
#자기표현
#발레
#응원

존의 학교에는 매주 금요일마다 전교생 앞에서 홀로 무대에 올라 재능을 뽐내는 시간이 있다. 이번 주는 바로 존의 차례다. 공연 시간이 다가올수록 존은 말이 없고 줄곧 긴장된 얼굴이다. 차분히 흰색 레오타드와 검은색 바지를 갈아입고 무대에 오른 존은 어떤 공연을 선보일까? 수줍은 소년이 두려움을 극복하고 자신의 취미와 재능을 한껏 펼치는 용기, 그리고 이에 대해 어떤 편견도 없이 순수한 응원을 보내는 친구들에 대한 서사는 언제 읽어도 흐뭇하다. 두 차례의 칼데콧 상 수상으로 한국 독자에게도 잘 알려진 맥 바넷의 다정한 목소리가 수줍음 많은 소년의 등을 따스하게 두드려 준다. 학교의 일상을 재현한 케이트 베루브의 그림은 발레라는 소재에 어울리게 섬세하다.

오틸라와 해골

존 클라센 글·그림, 서남희 옮김 | 시공주니어 | 20230701 | 미국 동화
112쪽, 152×203mm | 16,000원 | ISBN 9791169256698

#외로움
#위로
#공감
#연대
#안전

눈이 펑펑 내리는 한밤중에 망토를 둘러쓰고 숲속을 달리는 소녀 오틸라. 나뭇가지에 걸려 넘어진 채로 눈과 어둠과 고요 속에 엎드려 있던 그가 와락 울음을 터뜨린다. 소녀는 무엇에게서, 혹은 누구에게서 도망쳐 한밤에 눈 내리는 숲속을 달려야 했을까. 알 수는 없지만 고통만큼은 무겁게 전해진다. 숲의 끝자락에서 오래된 저택을 발견한 오틸라는 주인인 해골의 허락을 받고 집으로 들어간다. 여러 개의 방들은 조금씩 기괴하지만 창문으로 드문드문 들어오는 빛은 오틸라에게 안전한 공간으로 보인다. 오틸라가 자신을 쫓아오는 공포와 맞서는 온전한 자유와 평화를 찾아가는 과정이 인상적이다.

오늘 수집가

김물 글, 남윤잎 그림 | 창비 | 20221202 | 한국 동시집
120쪽, 151×207mm | 12,000원 | ISBN 9788936448325

#일상

#꿈

#상상력

#자유

#언어

 2018년 창비어린이 신인문학상을 수상한 김물 시인의 첫 동시집이다. 모두 52편의 동시에는 트램펄린을 힘차게 내디며 눈높이보다 높은 세상을 보려고 솟아오르는 어린이들이 등장한다. 바닷물을 신었다 벗었다 하며 놀다가 바다를 떠나며 다리에 바다 자국이 남겨져 있음을 알고, 무겁게 매달린 책가방이 아니라 단단한 여행 가방이 되겠다고 말한다. 교실과 학원으로 이어지는 답답하게 바랜 오늘은 비록 안타깝지만, 가늘고 힘없던 생각이 단단해질 것을 믿는 어린이들이 사랑스럽다. 작고 연약한 대상에 포근하게 머문 시인의 살뜰한 눈길을 따라 꼭 소리 내 읽어 보길 권한다.

체셔 크로싱

앤디 위어 글, 사라 앤더슨 그림, 황석희 옮김 | RHK | 20221214 | 미국 그래픽노블
128쪽, 180×255mm | 20,000원 | ISBN 9788925577319

#고전

#재해석

#크로스오버

#연대

『이상한 나라의 앨리스』의 앨리스 리들, 『오즈의 마법사』의 도로시 게일, 『피터 팬』의 웬디 달링 등 동화 속에 등장하는 주인공 소녀들을 풀 네임으로 호명하며 이들의 성장에 주목한다. 청소년이 된 주인공들을 기숙학교인 '체셔 크로싱'으로 모아 하나의 이야기로 합친 '크로스오버' 형식으로 풀어 익숙한 고전을 다르게 살피는 재미를 더한다. 맑고 선하고 순진한 동화 속 모습과 달리 짜증 내는 말투와 태도, 거침없고 무모한 성격으로 여느 10대들과 비슷한 소녀들의 캐릭터가 인상 깊다. 용감하게 모험을 떠나는 주체적인 모습, 연대를 이루는 소녀들의 등장은 또 다르게 쓰일 새로운 서사를 기대하게 한다.

왜요, 그게 차별인가요?: 무심코 사용하는 성차별 언어

박다해 글, 김가지 그림 | 동녘 | 20230215 | 한국 청소년교양
60쪽, 128×188mm | 13,000원 | ISBN 9788972970736

#혐오표현

#성차별

#언론

젠더 이슈 전문 기자로 일한 필자가 그간의 취재 경험을 살려 성차별적 언어의 예시와 그 안에 담긴 편견 및 혐오 문제를 친절하게 풀어 설명한 책. 청소년들의 관심 분야나 일상에서 흔히 접하는 사례를 네 컷 만화 형식의 도입부로 보여 주며, 성차별을 드러내는 언론 기사들을 소개하고 따져 보는 구성이라 쉽게 이해할 수 있다. 특히 여성과 관련된 이슈를 '젠더 갈등', '남혐'으로 몰아가는 언론의 행태를 꼬집으며, 사실을 왜곡하는 기사를 비판적으로 읽는 관점을 제공한다. 청소년들과 함께 토론해 보면 좋을 기사와 주제가 많아 유용하다.

젠더 다양성

Q18 다양한 젠더 정체성을 가진 인물을 긍정적, 입체적으로 보여 주나요?

Q19 성소수자에 관한 정확한 지식을 알려 주고 성소수자 인권을 지지하나요?

결혼식에 간 훌리안

제시카 러브 글·그림, 신형건 옮김 | 보물창고 | 20210510 | 미국 그림책
40쪽, 238×260mm | 15,000원 | ISBN 9788961708104

#트랜스젠더
#결혼식
#젠더표현
#나다움

스톤월 북 어워드 대상을 받은 『인어를 믿나요?』(웅진주니어, 2019)의 후속작이다. 작가 제시카 러브는 인터뷰에서 '어린이에게 트랜스젠더를 어떻게 설명할까?'라는 질문을 가지고 훌리안이라는 캐릭터를 만들었다고 했다. 『인어를 믿나요?』에서 할머니의 따뜻한 사랑과 지지를 받으며 인어가 되어 헤엄쳤던 훌리안이 이번에는 축하가 넘치는 신부들의 결혼식에 간다. 파티 참석을 위해 연보랏빛 슈트와 자주빛 구두로 한껏 꾸민 훌리안은 야구 모자에 살구빛 드레스를 입고 온 마리솔을 만나 마법 같은 우정을 나눈다. 마음껏 상상하는 자유로움, 신나는 놀이, 사랑의 몸짓, 화려한 꽃의 향연이 장면마다 펼쳐진다. 성별이 사랑, 우정, 옷차림, 행동, 그 어느 것도 제한하지 않는 아름다운 세계가 여기 있다.

투르말린 공주

다비드 칼리 글, 파티냐 라모스 그림, 박선주 옮김 | 풀빛 | 20220801 | 벨기에 그림책
32쪽, 285×205mm | 13,000원 | ISBN 9791161724928

#공주이야기
#보석
#기사
#퀴어동화

21세기의 탑에 갇힌 공주 이야기에는 어떤 새로움이 있을까? 다양한 색을 갖고 있는 무지개 보석 투르말린이 공주의 이름이라는 것이 힌트다. 공주를 구하러 말을 타고 달리는 기사들도 루비, 에메랄드, 자수정, 황금, 크리스털 같은 보석 이름이다. 이들이 등장하는 장면은 보석같이 다채로운 빛깔과 아름다운 율동감이 가득하다. 탑까지 무사히 도착하여 공주와 입맞춤을 하는 용감한 주인공은 누구일까? 마지막 장면까지 보고 첫 페이지로 돌아와 다시 그림을 꼼꼼히 들여다보면, 기사들의 투구에 달린 긴 장식 털이 머리카락으로 새롭게 보인다. 묵은 편견을 한 꺼풀 걷어내는 시원하고 즐거운 순간이다. 테이트 출판사의 영문판에는 퀴어 동화라는 무지개 마크가 붙어 있기도 하다.

할아버지가 사랑한 무지개

해리 우드게이트 글·그림, 김다현 옮김 | 쥬쥬베북스 | 20230615 | 영국 그림책
32쪽, 240×280mm | 23,000원 | ISBN 9791197831355

#퀴어퍼레이드
#무지개축제
#성소수자
#다양성

우리는 아직도 '소수'라고 불리는 존재에 대한 불평등하고 차별적인 대우가 개선되지 않는 사회에 살고 있다. 이 책의 주인공 밀리는 '안경 할아버지'가 '수염 할아버지'와 함께 젊은 시절 참여했던, 성소수자를 위한 '무지개 축제'의 흔적을 찾아낸다. 어린이의 눈으로 본 무지개 축제는 그야말로 '축제'이다. 사람은 모두가 평등한 존재로 존중받아야 한다는 것이 어린이에게는 당연하기 때문이다. 할아버지를 이어 또 다른 무지개 축제를 기획하는 밀리는 과연 어떤 어른으로 자라날까? 다른 사람을 있는 그대로 사랑할 수 있는 사람이 자기 자신도 깊이 사랑할 수 있다. 책 뒷부분에는 퀴어 관련 용어의 번역과 역사적 맥락에 대해서도 친절하게 설명하고 있다.

모든 공주는 자정 이후에 죽는다

캉탱 쥐티옹 글·그림, 박재연 옮김 | 바람북스 | 20230915 | 프랑스 그래픽노블
152쪽, 200×267mm | 28,800원 | ISBN 9791162102169

#성정체성
#성소수자
#다양성
#사랑

영국 다이애나 왕세자빈(영어로는 공주)이 사망한 1997년 8월 31일 하루 동안 한 가정에서 일어난 일. 아홉 살 루루는 아침부터 들떠 있다. 이웃집 형 요요가 놀러 오는 날이기 때문이다. 이야기를 만들어 내는 데 탁월한 능력이 있는 루루는 자신을 공주로, 요요를 왕자로 설정한 놀이에 심취한다. 요요를 향한 치열한 마음은 갑작스럽게 루루를 울리거나 화나게 한다. 요요에게 "너 게이야?"라는 질문을 받자 루루는 혼란스럽다. 누나는 루루에게 "남자가 남자를 사랑하는 건 별거 아니다."라고 말해 주고 엄마는 자신의 웨딩드레스를 고쳐 입혀 준다. 자정이 되어 왕자와 헤어진 공주들은 모두 불행해질까? 서로의 손을 잡아 주는 공주들이 함께 있는 한 절대 그렇지 않을 것이다.

에이스가 되는 법: 어느 무성애자의 성장기

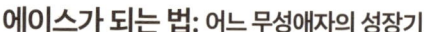

레베카 버게스 글·그림, 박선주 옮김 | 파크하우스코믹스 | 20221020 | 영국 그래픽노블
184쪽, 148×210mm | 18,500원 | ISBN 9791197933608

#성정체성

#무성애

#에이섹슈얼

#에이로맨틱

사회적으로 청소년, 청년 시기에는 이성 교제나 섹스에 큰 관심을 가진다고 여기지만 이것은 '이성애', '유성애' 중심적인 관점이다. 세상에는 에이섹슈얼, 에이로맨틱이 존재한다. 연애 이야기로 열을 올리고 있는 친구들 사이에서 무리에 어울리기 위해 노력하고, 억지로 연애도 해 보지만 오히려 강박과 불안을 경험하는 레베카. 학창 시절부터 직장인이 될 때까지 숱한 시험과 탐색을 거치며 마침내 자신의 정체성을 인식하고 받아들이는 과정이 자전적 그래픽노블에 담겼다. 솔직하고 세밀하게 묘사된 레베카의 심리 상태는 무성애자가 느끼는 감각을 이해하고 수용하게 돕는다. 이야기 사이사이 다양한 성적 지향, 무성애 스펙트럼과 바로잡아야 할 오해, 편견에 대한 설명이 유쾌한 그림과 함께 펼쳐진다.

킹과 잠자리

케이슨 캘린더 글, 정회성 옮김 | 사계절 | 20230524 | 미국 청소년소설
276쪽, 145×225mm | 14,000원 | ISBN 9791169811385

#인종차별

#성소수자차별

#나다움

#가족

#연대

인종 차별과 성소수자 차별을 다룬 청소년 소설로서 탁월한 서정성을 갖춘 수작이다. 주인공이 사는 루이지애나의 작은 마을은 아이들에게 다정하며 온 동네가 서로를 아끼는 곳이다. 그러나 그들은 자신과 다른 존재를 두려워하며 차별의 잣대를 겹겹으로 들이대고 진실을 들으려고 하지 않는다. 주인공인 킹과 샌디가 이러한 차별을 딛고 일어서는 과정에서 존재를 그 자체로 인정하는 용기, 진실을 말하고 자신의 삶을 스스로 결정하는 행복을 깨닫게 된다. "내가 배울 것도 많지. 너를 사랑하기 때문에 배울 거야."라는 말은 차별을 이기는 사랑의 힘을 보여 주는 명문장이다.

잘하면 유쾌한 할머니가 되겠어: 트랜스젠더 박에디 이야기

박에디 글 | 창비 | 20230630 | 한국 청소년교양
252쪽, 125×200mm | 18,000원 | ISBN 9788936479398

#트랜스젠더

#성소수자

#인권활동가

#웃음

이 책을 쓴 박에디는 군대에 다녀온 기독교인 트랜스젠더다. 트랜스젠더의 존재를 인정하지 않는 학교, 군대, 가족 내의 경험이 생생하면서도 진솔하게 그려져 있다. 그는 너도나도 그의 존재를 비장하게 바라볼 때 유쾌한 웃음을 통해 얼어붙은 차별의 벽을 녹였던 퀴어 엔터테이너이기도 하다. 활동가 박에디가 살아온 길을 따라 읽으면서 독자는 성소수자에 대한 차별적 편견을 거두고 그의 삶을 응원하게 된다.

퀴어 히어로즈

이사벨 시카디 글, 새러 타낫-존스 그림, 김승진 옮김 | 이후 | 20211111 | 영국 청소년교양
80쪽, 225×265mm | 16,000원 | ISBN 9788961571029

#성소수자
#인물이야기
#다양성
#편견

고대 그리스 시인 사포, 예술가 미켈란젤로와 레오나르도 다 빈치, 작곡가 차이콥스키, 가수 데이비드 보위, 영화 「트와일라잇」의 배우 크리스틴 스튜어트, 동화 작가 토베 얀손, 테니스 선수 빌리 진 킹, 수학자 앨런 튜링, 애플 CEO 팀 쿡… 사는 곳도, 나이도, 직업도, 종교도 각기 다른 이 사람들을 묶어 주는 것은 다름 아닌 LGBTQ 라는 정체성이다. 또한 세상의 편견에 맞선 용기, 관용, 사랑 같은 말도 이들을 표현해 줄 수 있는 단어이다. 친숙한 이름들과 낯선 이름들이 섞인 책장을 넘기다 보면, 나를 둘러싼 세계를 다시 해석하고 내 삶에 영감을 주는 새로운 영웅들을 만날지도 모른다.

당신의 성별은 무엇입니까?: 청소년 트랜스젠더 보고서

민나리, 김주연, 최훈진 글 | 오월의봄 | 20230508 | 한국 청소년교양
244쪽, 128×188mm | 16,800원 | ISBN 9791168730571

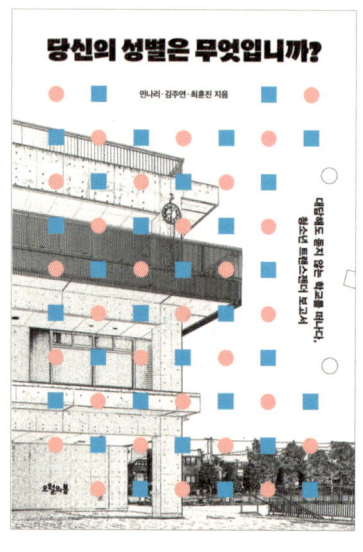

#성정체성
#트랜스젠더
#지정성별
#혐오와차별

남/여 두 가지 성별 가운데 어디에 속하느냐는 질문은 성정체성을 고민하거나 트랜스젠더로 정체화한 이들에게는 그 자체로 숨 막히는 압박이자 상처가 된다. 자신이 '잘못된' 사람이 아닌지 고민하는 것만으로도 힘든 트랜스젠더 청소년들에게 여자 아니면 남자로 구분될 것을 강제하는 학교는 결코 안전한 울타리가 되지 못한다. 출석이 불릴 때마다, 옷을 갈아입거나 화장실에 가야 할 때마다 '지정된' 성별이 되어야 하는 트랜스젠더 청소년들. 이 책은 이들이 맞닥뜨리는 일상적 혐오와 차별의 실태를 장기간의 취재를 통해 선명하게 보여 준다. 청소년기에 학교와 가정에서 내몰리고 저임금·고강도 노동을 강요받는 일련의 과정은 이들을 위한 사회적·의료적·제도적 과제들이 시급함을 절감하게 한다.

LGBTQ로 살아가기: 성정체성을 고민하는 10대들을 위한 안내서

켈리 휘걸 매드론 글, 김혜림 옮김, 선호찬 감수 | 징검돌 | 20230512 | 미국 청소년교양
392쪽, 165×235mm | 18,500원 | ISBN 9791186323533

#성정체성
#성소수자
#커밍아웃
#혐오와차별

자신의 성정체성에 대해 고민이 될 때, 혹은 성소수자 친구나 가족을 이해하고 싶을 때 찾아볼 수 있는 안전한 책이 나왔다. 국내에서 처음으로 정식 출판된 성소수자 청소년 가이드북이라는 의의도 있다. 얼마나 오랫동안 청소년 성소수자를 위해 마땅히 준비되었어야 할 안내서의 자리가 비어 있었는지 돌아보게 한다. 성소수자에 대한 기본 개념뿐만 아니라 학교생활, 친구 관계, 연애, 자기 돌봄, 진로, 커밍아웃에 도움이 될 실질적인 내용을 체계적으로 담은 교과서 같은 책이다. 여러 청소년 성소수자의 구체적인 경험담으로 그들의 삶을 생생하고 입체적으로 만날 수 있다. 청소년 성소수자 당사자뿐만 아니라 성소수자와 동시대를 살아가는 청소년과 성인, 결국 우리 모두에게 필요한 책이다.

웰컴 투 레인보우: 퀴어의 세계에 초대받은 부모들과 이웃을 위한 안내서

성소수자부모모임 글 | 한티재 | 20230529 | 한국 양육자교육
152쪽, 120×190mm | 14,000원 | ISBN 9791192455228

#성소수자
#가족
#커밍아웃
#공감

자녀나 지인이 당신에게 커밍아웃을 한다면 어떻게 대해야 할까? 좋은 답이 떠오르지 않는다면 당장 읽어야 할 책이다. 성소수자부모모임이 오랫동안 활동하면서 쌓은 경험과 공부를 바탕으로 생생하고 따뜻한 조언을 풍성하게 담았다. 성소수자를 이해하기 위한 기초 용어부터 자녀가 성소수자로서 잘 살아가기 위해 필요한 지지 방법까지 차근차근 알려 준다. 자녀의 커밍아웃을 받아들이는 과정에서 겪을 수 있는 갈등과 어려움에 공감하되 자녀에게 도움이 되는 말과 행동, 위험한 말과 행동까지 섬세하게 짚어 준다. 성소수자 자녀를 둔 부모뿐만 아니라 성소수자의 좋은 이웃이 되고 싶은 이에게도 새로운 세상을 열어 주는 친절한 길잡이다. 성소수자부모모임 활동가 나비, 비비안의 이야기를 담은 다큐멘터리 영화 「너에게 가는 길」도 함께 보길 추천한다.

사회적 인정

Q20 인물에 관한 평가와 보상의 기준이 성별 차이 없이 적용되나요?

Q21 여성 인물의 사회적 기여를 현실적으로 보여 주나요?

레나의 옷은 당당하고 아름다워

마라 록클리프 글, 후아나 마르티네즈-닐 그림, 황유진 옮김 | 열린어린이 | 20230225 | 미국 그림책 32쪽, 216×280mm | 15,000원 | ISBN 9791156761426

#여성인물
#패션디자이너
#다양성
#플러스사이즈

'프리사이즈'라고 불리는 옷은 정말 모두를 위한 자유로운 옷일까? 옷이 인간을 위해 존재하는 게 아니라 인간이 옷에 몸을 맞춰야 하는 현상은 여성복에서 더욱 두드러진다. 1879년 리투아니아 리에타바스에서 태어난 레나 브라이언트는 유대인 어린이의 교육을 금지하는 러시아 치하에서 벗어나 미국으로 떠난다. 레나는 뉴욕에서 어려운 시절을 이겨내고 어엿한 패션 디자이너로 성장한다. 그녀는 단순히 아름답고 보기 좋은 옷을 만드는 것에 그치지 않고 다양한 여성의 몸에 맞춰 편안한 옷을 만드는 데 주력한다. 특히 임산부를 위한 임부복, 체형이 큰 여성을 위한 '플러스 사이즈 패션'은 레나가 추구한 "사람의 필요를 채워 주는 진정한 성공"의 증거품일 것이다.

내 머릿속 번개가 번쩍!: 별의 진실을 밝힌 천문학자 세실리아 페인

커스틴 W. 라슨 글, 캐서린 로이 그림, 홍주은 옮김 | 씨드북 | 20230626 | 미국 그림책
48쪽, 280×228mm | 14,000원 | ISBN 9791160515640

#여성인물
#천문학자
#과학자
#별

먼지구름 안에서 충격이 일어나 움직이고 분리되고 쪼그라들고 부딪치다 압축되면서 별이 태어난다. 별의 탄생 과정과 천문학자 세실리아 페인의 삶이 나란히 전개되는 독특한 그림책이다. 세실리아 페인은 영국에서 태어나 미국에서 활동한 천문학자로, 별과 지구의 구성 성분이 다르다는 것을 처음으로 알아내고 별의 성분이 수소와 헬륨으로 이루어졌음을 밝혔다. 하버드 대학교 천문학과 교수로 평생 연구를 멈추지 않았던 과학자의 성장을 별의 탄생에 비유하고 있는 이야기 전개가 벅찬 아름다움을 느끼게 한다.

아기 업고 레디, 액션!: 한 편의 영화로 남은 한국 첫 여성 감독 박남옥

김주경 글·그림 | 씨드북 | 20221121 | 한국 그림책
44쪽, 220×295mm | 13,000원 | ISBN 9791160514834

#영화감독

#투포환

#영화미망인

#서울여성영화제

"내 이름은 박남옥이야. 나는 투포환 선수였지. 내가 던진 수많은 포환은 어디로 날아갔을까?" 한 권의 그림책이 이 질문에 대한 답으로 촘촘하게 짜여 있다. 운동을 하고, 그림을 배우고, 좋아하는 배우를 찾아가 보고, 여행을 떠나고, 영화 촬영소에 가서 녹음 작업을 하다가 마침내 영화감독이 되기까지의 여정이 뿌듯하게 다가온다. 좋아하는 일을 하기 위해 도전하는 삶을 살았던 박남옥은 「미망인」이라는 단 한 편의 작품을 남긴 우리나라 최초의 여성 영화감독이다. 박남옥 이후 많은 여성 영화감독이 등장했다. 아무도 걷지 않는 길을 개척한 사람에 대한 존경의 마음이 들게 하는 그림책이다.

물리학의 여왕 우젠슝: 원자의 비밀을 풀다

테레사 로버슨 글, 레베카 황 그림, 강미경 옮김 | 두레아이들 | 20230520 | 미국 그림책
46쪽, 204×254mm | 11,000원 | ISBN 9791191007282

#꿈
#여성과학자
#물리학자
#용기
#주체성

'용감한 영웅'이라는 뜻의 이름을 가진 여성 물리학자 우젠슝의 일대기를 담았다. 딸들에게도 배움이 필요하고 바라는 대로 될 수 있다며 여자아이들만 가르치는 학교를 만든 부모의 노력과 지지가 인상 깊다. 혼돈한 역사와 사회 규범 속에 지지 않고 주체적인 삶을 살아간 우젠슝의 모습은 시대를 떠나 시사하는 바가 크다. 훌륭한 발견으로 업적을 세웠음에도 여자라는 이유로, 아시아인이라는 이유로 공을 인정받지 못했으나 자신만의 길을 묵묵히 걸으며 편견에 맞선 결과 여러 가지 '최초'의 자리를 기록하며 물리학의 여왕으로 우뚝 섰다.

길 위의 모터사이클: 안느 프랑스 도스빌 이야기

에이미 노브스키 글, 줄리 모스태드 그림, 염혜숙 옮김 | 봄의정원 | 20220329 | 미국 그림책
56쪽, 225×275mm | 15,000원 | ISBN 9791166340246

#모터사이클
#세계여행
#탐험
#세계일주

1973년 파리. 글을 쓰고 싶고 세상을 돌아다니길 원하던 안나는 어느 날 모터사이클을 몰고 길을 떠난다. 헬멧, 고글, 가죽 재킷은 모터사이클 운전자로서의 기본 옷차림이고, 여행의 재미를 위해 수영복, 드레스, 샌들도 함께 챙긴다. 취사도구, 침낭, 의약품과 모터사이클이 고장 났을 때 직접 고칠 수 있는 연장은 필수다. 모터사이클 하나로 전 세계를 탐험하며 사람들과 만나는 안나를 따라가다 보면 나 역시 그 여정에 함께하는 듯 가슴이 벅차오른다. 책 마지막 장에 실린 사진으로 안나가 모터사이클을 타고 세계 일주를 한 최초의 여성 '안느 프랑스 도스빌'이라는 실존 인물임을 알게 된 순간, 나도 얼마든지 세계를 모험할 수 있을 것 같다.

니나 : 니나 시몬, 희망을 노래하다

트레이시 N. 토드 글, 크리스티안 로빈슨 그림, 김서정 옮김 | 베틀북 | 20230305 | 미국 그림책
56쪽, 215×266mm | 18,000원 | ISBN 9791197961533

#음악
#인종차별
#재즈가수

천재적인 피아니스트 유니스는 흑인 여성이라는 한계에 부딪혀 클래식 음악을 포기하고 재즈 클럽 피아니스트이자 가수 니나 시몬이 된다. 풍성하고 달콤하고 천둥 같은 니나의 목소리는 오래지 않아 사람들의 환호를 받고 니나는 수많은 재즈 클럽에서 초청받는 유명 가수가 된다. 1960년대 흑인 민권 운동 시기에 니나의 노래는 사람들에게 위로와 힘이 되었고 흑인들의 함성 또한 니나의 음악과 목소리에 영감을 주었다. "사랑스러운, 소중한 우리 꿈들아."하고 흑인 아이들에게 노래할 때 니나의 목소리는 희망 그 자체였다. 생동감 넘치는 표현과 탄탄한 서사가 몰입과 공감을 불러일으킨다.

"니나는 공손한 게 지긋지긋했어요. 니나가 겪은 바로, 공손한 태도는 흑인들에게 아무것도 이루어 주지 못했으니까요."

변화를 꿈꾸는 곳에 시몬이 있어: 유럽 의회 최초의 여성 의장 시몬 베유

유지연 글, 김유진 그림 | 씨드북 | 20221219 | 한국 그림책
44쪽, 205×265mm | 13,000원 | ISBN 9791160514841

#유럽통합

#평화

#임신중단비범죄화

#소수자인권

다양한 여성 인물 이야기를 발굴하고 있는 '바위를 뚫는 물방울' 시리즈의 16번째 주인공은 시몬 베유다. 그는 아우슈비츠 수용소에서 살아남은 유대인 출신으로서, 판사, 보건부 장관, 유럽 의회 의장을 거치는 동안 아동과 장애인, 이민자 등 세상 모든 약자의 인권을 위해 끊임없이 싸우고 유럽 통합에도 큰 공을 세운다. 특히 프랑스 보건부 장관 재임 시절인 1974년, 끈질긴 설득 끝에 임신 중단 비범죄화 법안을 통과시켜 여성의 몸에 대한 권리를 지켜 냈다. 시몬 베유의 활동을 배경으로 '내 몸은 나의 것', '나의 선택으로'라고 쓴 손팻말을 들고 임신 중지 비범죄화 운동에 참여했던 여성들의 목소리도 펼쳐진다.

기린에게 다가가세요: 아프리카에서 연구한 동물학자 앤 이니스 대그의 생각

아리안나 디 제노바 글, 니엘라 티에니 그림, 김배경 옮김 | 책속물고기 | 20230720
이탈리아 어린이교양 | 128쪽, 148×210mm | 12,000원 | ISBN 9791163271369

#과학자
#동물학자
#기린
#롤모델

어린이가 롤모델로 삼을 만한, 여전히 널리 알려지지 않은 매력적인 여성 인물은 어쩌면 이다지도 많은지. 이 책을 통해 처음 만난 '앤 이니스 대그'도 마찬가지다. 캐나다 출신 동물학자인 앤은 남다른 어머니의 전폭적인 지지에 힘입어 어렸을 적 첫눈에 사랑에 빠진 기린을 연구하는 데 일생을 바쳤다. 여성의 사회 진출이 드물었던 시절에 어떤 지원도 없이 홀로 아프리카에 가서 야생의 기린을 연구한 용기뿐만 아니라, 어린 시절의 관심을 평생 간직하며 살아간 앤의 열정을 보며 어린이들도 설레는 미래를 꿈꿀 수 있지 않을까. 앤이 연구를 마치고 돌아올 때까지 기다린 남편 이안과의 로맨스도 책을 읽는 또 하나의 즐거움이다. 앤의 삶을 더 알고 싶다면 다큐멘터리 영화 「기린과 앤」으로 다시 만나 보아도 좋겠다.

새로운 길을 만드는 여자들: 더 나은 미래를 꿈꾼 여성 인물 이야기

신세은 글 | 돌베개 | 20230526 | 한국 청소년교양
208쪽, 120×188mm | 14,000원 | ISBN 9791192836140

#여성인물
#저항
#연대
#사회운동

서로 다른 시간과 장소에서 차별에 맞서며, 불가능하고 비현실적이라고 여겨졌던 변화를 결국 이끌어 낸 열 명의 여성들 이야기. 법, 인권, 노동, 언론, 예술, 교육, 환경 등 다양한 분야와 시대, 국적을 망라한 여성 인물들을 고루 등장시켰고, 업적보다 오히려 내면의 갈등과 고민을 이해할 수 있도록 배려한 서술이 돋보인다. 열 명의 인물들 사이 사이에 이들에게 영향을 준 더 많은 여성 인물들 이야기가 덧붙여지고, 차별금지법, 장애인 이동권, 돌봄 노동, 가짜 뉴스 같은 오늘날 민감한 현실 문제들과 연결되는 지점을 부각해 이들의 삶이 현재에도 여전히 우리에게 영향을 미치고 있음을 보여 준다.

유인원과의 산책: 제인 구달, 다이앤 포시, 비루테 갈디카스

사이 몽고메리 글, 김홍옥 옮김 | 돌고래 | 20230322 | 미국 청소년교양
456쪽, 140×210mm | 20,000원 | ISBN 9791198009050

#영장류과학자
#제인구달
#다이앤포시
#비루테갈디카스

1991년에 초판이 나온 과학 분야의 명저로, 침팬지, 고릴라, 오랑우탄을 연구한 세 명의 영장류 과학자를 소개하는 평전이다. 세계적으로 유명한 제인 구달과 함께 아프리카와 인도네시아에서 영장류 연구와 보호에 힘쓴 다이앤 포시, 비루테 갈디카스를 교차시키며 서술한 스케일과 문체가 독특하고 아름답다. 객관적 거리만을 강조하는 남성적 연구 시각에 반대하여 영장류와 깊이 공감하며 평생을 헌신한 세 과학자의 삶이 감동적으로 펼쳐진다. 작가 사이 몽고메리도 생태학자이자 탐험가, 저널리스트로서 세 여성 과학자가 침팬지, 고릴라, 오랑우탄 그리고 대자연과 맺은 뜨거운 관계, 세계를 바꾸기 위한 노력과 성취를 입체적으로 소개하고 있다.

안전

Q22 어린이에게 자기 몸에 대한 권리를 알려 주고 있나요?
Q23 어린이의 안전을 지키고, 위험에 노출된
　　　어린이가 안정감을 되찾도록 도와 주고 있나요?

곱슬도치 아저씨의 달콤한 친절

오이어 글·그림 | 한울림 | 20221230 | 한국 그림책
48쪽, 200×275mm | 15,000원 | ISBN 9791163931324

#그루밍범죄
#성폭력
#성폭력예방
#성교육

어린이를 대상으로 한 그루밍 성범죄의 범인은 예상보다 멀지 않은 곳에 있는 경우가 많다. 그루밍 범죄자들은 친밀한 어른의 말을 잘 거절하지 못하는 어린이의 마음을 이용한다. 이 책은 그루밍 범죄자가 어린이 가까이에 다가오는 과정을 보여 주며 혹시라도 범죄의 피해자가 되지 않도록 사전에 예방할 수 있게 해 준다. 작가 자신이 그루밍 범죄를 경험한 피해자로서 이 문제를 사회에 알리고자 만든 그림책이라는 점도 눈여겨볼 만하다.

지키지 말아야 할 비밀
: 부적절한 신체적 접촉에서 아이를 보호하기 위한 예방 교육 그림책

제이닌 샌더스 글, 크레이그 스미스 그림, 이계순 옮김 | 풀빛 | 20190415 | 호주 그림책
32쪽, 191×260mm | 12,000원 | ISBN 9791161721378

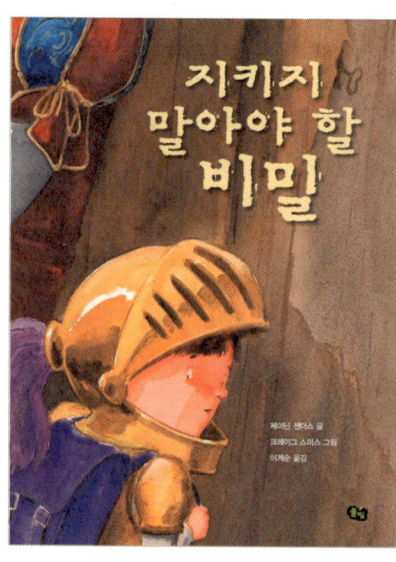

#성교육

#성폭력

#아동성폭력예방

#성폭력대처

어린이가 성폭력 피해를 겪는다면 그 상황에서 어떻게 대처해야 할지 설명하는 그림책이 그 수는 적어도 꾸준히 출간되고 있는데, 이 책은 특히 성폭력 상황을 옛이야기의 틀에 넣어서 다소 완곡하게 표현한다는 점이 다른 책과의 차이다. 물론 성폭력에 대한 인지와 대처 방법은 현실적으로, 명확하게 가르쳐 주는 것이 중요하지만, 거부감과 두려움을 줄이면서 좀 더 안전한 방법으로 위험 상황을 설명하는 이 책의 방식은 불안감이 높은 어린이에게 좀 더 효과적일 수 있겠다. 그런 면에서 오스트레일리아에서 2011년, 한국에서 2019년에 출간된 이 책을 뒤늦게나마 추천하고자 한다.

나에겐 권리가 있어요

레자 달반드 글·그림, 이세진 옮김 | 책연어린이 | 20230228 | 프랑스 그림책
44쪽, 215×245mm | 15,000원 | ISBN 9791197609879

#어린이인권

#유엔아동권리협약

#기본권

#소수자인권

1989년 유엔이 채택하고 현재 196개 나라가 가입한 아동 권리 협약을 어린이의 목소리로 알려 준다. 어린이가 자신의 권리를 알고, 이를 보장받을 수 있도록 요구하는 데 도움이 될 듯하다. 주변 어린이나 다른 나라 어린이들의 권리가 제대로 지켜지고 있는지 생각해 볼 수도 있다. '나는 몸에 좋은 음식을 먹고 깨끗한 물을 마셔요', '나는 떠돌아다니지 않고 일정한 곳에서 지내야 해요', '학교에 다닐 권리가 있고' 등 기본 안전과 교육에 관한 권리부터 시작해 '내가 가진 병이나 장애 때문에 버림받는 일이 있어선 안 돼요', '종교나 가족의 배경 때문에 사람들에게 거부를 당하는 일이 생기면 안 돼요' 등 소수자 인권에 이르기까지 다양한 내용이 담겨 있다.

장난이 아니야: 디지털 폭력에 맞서는 다섯 편의 이야기

선자은 • 이재문 • 전여울 • 황지영 글, 구정인 만화, 에이욥프로젝트 그림, 김아미 해설 | 키다리
20230926 | 한국 동화 | 208쪽, 152×220mm | 13,000원 | ISBN 9791157856503

#디지털폭력
#온라인범죄
#사이버범죄
#혐오
#안전한삶

사이버 불링, 악플, 해킹, 가짜뉴스, 온라인 그루밍 등 온라인 범죄와 디지털 폭력 문제를 동화와 만화로 생생하게 풀어냈다. 타인을 대상화하고 조롱하는 '밈'이나 '저격글', '좋아요'라는 이름으로 가장 쉽게 동조하고 방관하여 피해자를 만드는 구조 등 만연하게 이뤄지는 혐오와 차별, 폭력의 실체를 고발한다. 또 디지털 미디어 리터러시 연구자인 김아미 박사의 해설을 덧붙여 어린이가 범죄 상황을 인지하고 피해 사실에 어떻게 대처할지 현실적인 해결책을 안내한다. 중요한 건 잘못을 깨닫는 마음이며, 범죄는 결코 장난이라는 말로 정당화될 수 없음을 강력하게 시사한다.

귓속말 게임

마르텐 뒤르 글, 소피에 루이세 담 그림, 심진하 옮김 | 아름드리미디어 | 20230630
덴마크 그래픽노블 | 80쪽, 170×240mm | 13,000원 | ISBN 9788955827132

#연대
#아동학대
#놀이
#우정
#용기

아이들끼리 모여 귓속말로 비밀 나누기 놀이를 하던 중에, 안나가 베라에게 엄마가 자신을 때린다고 조심스럽게 말한다. 베라는 처음에는 안나를 믿지 못하고 혼란스러워하지만, 점점 말수가 줄어들고 학교도 결석하는 안나를 지켜보며 폭력이 사실임을 깨닫는다. "너희끼리 속삭이기만 해서는 해결이 되지 않을 거란다. 알지?" 안나를 어떻게 도울지 고민하던 베라에게 할머니의 말은 큰 용기를 준다. 주변인이자 관찰자인 베라의 시선에서 이야기를 전개하여, 주변의 관심과 도움으로 가정 내 아동 폭력을 막을 수 있음을 보여 주는 그래픽노블이다. 책 뒤쪽의 정보 페이지에는 학교와 기관에서 아동 폭력에 관해 이야기 나누고 문제를 해결하는 데 활용할 수 있는 학습 자료도 제공한다.

참지 않는 여자들

자일리 아마두 아말 글, 장한라 옮김 | 율리시즈 | 20230227 | 프랑스 청소년소설
232쪽, 140×210mm | 15,000원 | ISBN 9791197894978

#여성혐오
#폭력
#일부다처제
#서아프리카

세 주인공, 람라와 힌두 그리고 사피라가 겪는 일들이 동시대에 벌어지고 있다는 데 놀란다. "인내해라, 딸들아! 네가 남편의 종이 되면 남편은 네 포로가 될 것이다. 정숙해라." 딸들은 이런 말을 아버지와 아버지 형제들에게 들으며 결혼하고 비참한 삶을 산다. 아프리카 이슬람 여성이 겪는 신체적, 정신적 폭력을 직설적이고 대담하게 드러내 고통받은 여성의 목소리가 되었다고 평가받는 청소년 소설이다. 자일리 아마두 아말은 아프리카 문학의 독보적 작가일 뿐 아니라 북부 카메룬 여성을 위한 교육 단체 '사헬의 여성'의 수장으로도 활동하고 있다.

그건 네 잘못이 아니야!: 동의와 허락에 관한 10대들의 스킨십 이야기

피트 월리스·탈리아 월리스 글, 조지프 윌킨스 그림, 장은미 옮김 | 봄풀출판 | 20180510
영국 청소년교양 | 64쪽, 175×235mm | 10,000원 | ISBN 9788993677973

#청소년성경험

#성인식

#동의

10대들의 성에 대한 인식과 성 경험에 관한 이해 또는 오해가 청소년의 생생한 목소리로 표현된 그래픽노블. 연애와 스킨십과 섹스와 소셜 미디어에서 일어나는 성 관련 문제들이 여자아이 넷, 남자아이 넷의 목소리에 실려 실감 나게 펼쳐진다. 아이들의 대화 속에는 성에 관련된 깊은 고민과 압박감, 편견 등이 적나라하게 반영되는데, 누가 누구를 가르치기보다 또래끼리 나누는 솔직하고 풍부한 대화를 통해 진실한 감정을 표현하고 더 나은 인식으로 나아가는 과정이 흥미진진하다. 영국 책인 만큼 다소 문화적인 차이가 느껴지고, 부록에 영국 청소년을 위한 정보만 그대로 실린 점은 다소 아쉽다. 한국의 10대 청소년들끼리 같은 주제로 대화를 나누면 어떤 이야기가 펼쳐질까?

당신은 전쟁을 몰라요: 우크라이나에서 온 열두 살 소녀 예바의 일기

예바 스칼레츠카 글, 손원평 옮김 | 생각의힘 | 20230224 | 미국 청소년교양
272쪽, 128×196mm | 15,000원 | ISBN 9791190955874

#전쟁
#일기
#르포
#평화

지금까지도 전쟁이 계속되고 있는 고향 우크라이나를 떠나 아일랜드에 머물고 있는 어린이가 자신의 전쟁 체험을 일기 형식으로 알려 준다. 열두 살 생일인 2022년 2월 14일의 행복한 시간을 잠시 보여 준 글은 전쟁이 발발한 2월 24일 첫 번째 날의 일기로 시작해 5월 1일 67번째 날의 일기로 마무리된다. 일기 형식이나 매우 세밀하고 정확한 르포의 무게를 지닌다. "'전쟁'이란 단어를 모르는 사람은 없다. 하지만 전쟁이 정말로 무엇을 의미하는지 아는 사람은 거의 없다. 당신은 아마도 전쟁이 끔찍하고 참혹하다고 말하겠지만, 전쟁이 가져오는 진정한 공포가 얼마나 큰지는 알 수 없을 거다."라는 서문에 숙연해진다.

연대

Q24 사회적 약자가 서로 연대하고 협력하는 모습이 드러나요?
Q25 등장인물이 성별에 관계 없이 서로 존중하고 배려하나요?
Q26 등장인물이 사회적 약자에 관한 편견에 함께 저항하나요?

벽 타는 아이

최민지 글·그림 | 모든요일그림책 | 20230925 | 한국 그림책
56쪽, 160×220mm | 15,000원 | ISBN 9788925576022

#소수자
#다양성
#포용력
#나다움

'보통마을'에 사는 아이가 있다. 아이는 밤만 되면 벽을 탄다. 아이의 부모는 아이가 벽을 타지 못하게 하기 위해 의사와 해결사들을 부르지만 아이를 고칠 수 없다. 애초에 벽을 타는 일이 잘못된 일이 아니기 때문이다. 결국 주인공은 이상한 아이들이 갇혀 있다는 '모자성'에 가야 하는 처지에 놓인다. 아이는 어른의 손에 잡혀서가 아닌, 스스로 벽을 타고 모자성으로 향한다. 아이는 어떻게 남들이 '다르다'라고 여기는 자신을 부정하지 않을 수 있었을까? 이미 모자성에 갇혀 있는 아이들이 얼마든지 자신과 함께 벽을 탈 거라는 확신 덕분일 것이다. 다름이 다양성으로 인정받고, 소수가 존중받고, 서로가 연대함에 대해 유쾌하고 통쾌하게 그려 낸 그림책.

핫 도그

더그 살라티 글·그림, 신형건 옮김 | 보물창고 | 20230810 | 미국 그림책
48쪽, 228×254mm | 16,000원 | ISBN 9788961709262

#휴가
#여름
#평화
#반려동물

할머니가 우체국에 들러 소포를 부치고, 세탁소에 옷을 맡기고, 안경점에서 안경을 고치는 내내 목줄에 묶인 채 따라다니던 개가 갑자기 횡단보도에 주저앉아 버틴다. 도시의 열기와 소음을 견디기 힘들다는 의사 표현에 할머니는 문득 택시를 잡아 기차역으로 향한다. 기차와 배를 타고 도착한 곳은 섬. 할머니와 개는 탁 트인 하늘과 바람과 해변을 마음껏 느낀다. 집으로 돌아와 행복한 얼굴로 잠이 드는 할머니와 개를 보면 잠시 도시를 벗어나 자연에서 숨 쉬는 일이 둘 모두에게 필요했구나 싶다. 해변에서 대여한 파라솔을 굳이 집으로 가져 온 할머니는 종종 개와 먼 산책에 나설 것 같다.

한 사람

위해준 글, 야엘 프랑켈 그림 | 시공주니어 | 20230620 | 한국 그림책
50쪽, 152×202mm | 14,000원 | ISBN 9791169259217

#또래관계

#따돌림

#친구

"곁에 서는 한 사람, 마주 보는 한 사람, 손잡아 주는 한 사람이 있으면 많은 것이 달라질 거야." 세상에 나 홀로 내쳐진 듯한 느낌이 들 때, 모두의 눈빛이 나를 미워하는 것처럼 느껴질 때, 이 막막한 삶을 조금이나마 살 만한 것으로 만드는 힘은 그저 곁에 있는 단 한 사람의 작은 관심, 아주 작은 한 번의 토닥임에서 올지도 모른다. 또래 사이에서 일어나는 일뿐만 아니라 더 넓은 사회의 커다란 문제 또한, 한 사람의 작은 행동과 연대의 마음에서 비롯되어 변화를 일으킨다는 메시지로 확장해 읽히기도 한다. 시처럼 잔잔하면서도 묵직하게 흐르는 한국 작가의 글과 다정하고 섬세하게 마음을 사로잡는 아르헨티나 작가의 그림이 아름답게 조화를 이룬 그림책이다.

그냥 씨의 동물 직업 상담소

안미란 글, 유시연 그림 | 창비 | 20230616 | 한국 동화
116쪽, 152×225mm | 12,000원 | ISBN 9788936443290

#동물
#기후위기
#이주민

고양이 그냥 씨는 한 카페의 영업 담당이자 동물 직업 상담소 소장이다. 낮에는 햇볕 아래 매무새를 가다듬다가 카페 손님과 사진을 찍고, 저녁에는 동물들에게 일자리를 주선한다. 그냥 씨는 삼림 파괴로 일본에서 온 곰과 지구 온난화로 러시아에서 온 북극곰에게 직업을 알선한다. 또 도시에 사는 새에게 알 낳을 자리를 찾아 주는 부동산 소개업자, 공원의 너구리에게 안전하게 사는 방법을 알려 주는 도시 생활 안내자, 아픈 동물을 병원에 데려다주는 의료 코디네이터 역할까지 한다. 그냥 씨가 동분서주하며 동물들을 돕는 걸 보고 있으면 기후 문제로 야생 동물이 처한 위기가 더욱 절실하고 긴박하게 느껴진다. 거주지를 잃고 새 정착지에서 애쓰는 동물들의 상황은 이주민의 현실로 확장된다.

책방거리 수사대: 한양풍문기의 진실

고재현 글, 인디고 그림 | 사계절 | 20231117 | 한국 동화
144쪽, 147×210mm | 12,000원 | ISBN 9791169811682

#거짓소문

#진실

#추리

#주체성

연이 아씨의 몸종 동지는 세책점에서 빌린 『장화홍련전』에서 '한양풍문기'라는 쪽지를 발견하는데, 이 쪽지에는 최 씨 여인과 다섯 남매가 물가에서 죽은 일과 비난 댓글이 한가득 적혀 있다. 자매처럼 자란 씩씩한 연이 아씨와 동지는 억울한 죽음에 관한 거짓 소문이 퍼지는 걸 두고볼 수 없어 비밀리에 진실 추적에 나서는데…. 어린이들이 흥미를 느낄 만한 추리 서사를 바탕으로, 사람들이 쉽게 내뱉는 거짓 소문이 얼마나 위험한지 생각하게 만든다. 그에 더해 폭력에 대한 방관, 권력자에게 이입하는 태도, 성차별, 양심선언 같은 문제의식이 이야기와 잘 어우러져 있다. 주인공인 어린이들을 비롯해 등장인물의 주체적인 행동이 정의를 되찾기 위한 노력으로 뭉쳐지는 과정이 매끄럽다.

열세 살의 걷기 클럽

김혜정 글, 김연제 그림 | 사계절 | 20230427 | 한국 동화
188쪽, 148×210mm | 12,000원 | ISBN 9791169811361

#우정
#친구
#가족
#갈등
#고민

윤서는 작년에 채민이에게 한 실수 때문에 스스로 친구를 사귈 자격이 없는 아이라고 생각하고 혼자 지내기를 택한다. 6학년이 되어 운동 클럽에 꼭 하나씩은 들어야 한다는 담임 선생님 말씀에, 윤서는 혼자서 할 수 있고 인기도 없을 것 같은 걷기 클럽을 만든다. 하지만 걷기 클럽에는 세 아이가 더 들어오고 윤서는 엉겁결에 클럽장이 되어, 운동장 걷기부터 호수 공원 걷기까지 점점 더 긴 시간을 함께하게 되는데…. 초등 고학년의 고민거리인 우정, 가족 내 갈등, 다이어트, 외모, 연애, 말하기 싫은 비밀, SNS, 학교 폭력 문제 등이 서사 속에서 자연스럽게 드러난다. 어린이들이 걷기 클럽 친구들처럼 또래끼리만 할 수 있는 위로를 나누며 자신만의 속도로 단단해지길 바란다.

프리워터: 자유를 찾는 모든 이들의 꿈

아미나 루크먼 도슨 글, 이원경 옮김 | 밝은미래 | 20230707 | 미국 동화
488쪽, 133×194mm | 17,500원 | ISBN 9788965466642

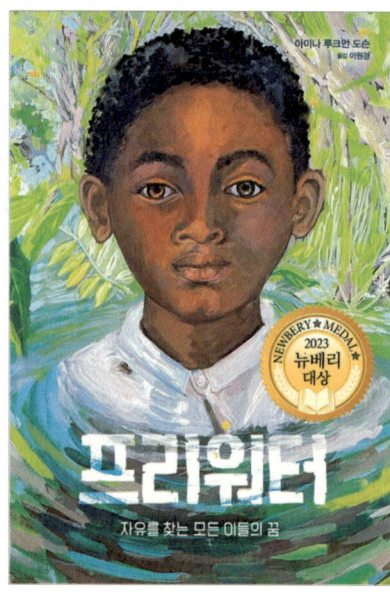

#자유
#용기
#인종차별
#노예해방

한번 잡으면 마지막 장을 넘길 때까지 결코 놓지 못할 것이다. 흑인 남매가 노예 농장에서 탈주하여 습지 깊숙한 곳, 꿈같은 자유의 땅에 도착한다. 살아남기 위해 눈에 띄지 않기를 삶의 원칙으로 세운 열두 살 호머가 각성하는 과정은 짜릿하고도 눈물겹다. 일곱 살 여동생 에이다의 거침없는 말과 행동은 놀랍고 후련하다. 활시위를 당기며 영웅의 꿈을 꾸는 산지의 도전과 가족에서 소외된 노라의 주체적 선택에는 손뼉을 치게 된다. 도망 노예의 발걸음만큼이나 빠르게 읽히면서도 밀도 있는 구성과 표현이 매력적이며 등장인물 어느 한 사람 생생하지 않은 이가 없다. 탈주 노예 역사에서 영감을 받아 쓰인 이 책은 2023년 뉴베리 대상 수상작이다.

느티나무 수호대

김중미 글 | 돌베개 | 20230331 | 한국 청소년소설
268쪽, 140×210mm | 14,000원 | ISBN 9791192836072

#다양성
#차별
#돌봄
#치유

팬데믹 3년을 보내며 "애써 희망을 찾고 싶었"던 작가 안에서 자란 이야기. 이 책의 주인공인 청소년들은 모두 '다문화'로 불리는 아이들이다. 아이들은 사람들이 자신들을 지칭하는 '다문화'라는 말이 그저 '루저'로 들린다. 이런 아이들을 품어 주는 것은 수백 년 동안 대포읍 마을 사람들을 지켜본 느티나무다. 나무 안에서 아이들은 국적, 피부색, 말투로 상처를 주거나 따돌리지 않는다. 작가는 차별, 혐오, 기후 위기가 도달한 우리들의 미래에 우려의 목소리를 내면서도 인간이 되어서까지 사람들과 어울려 살려 했던 '느티 샘'처럼 사람에 대한 믿음을 포기하지 않는다. 사람은 위기일수록 이웃과 협력하는, 슬기로우면서도 이타적인 존재라고 믿기 때문일 것이다.

찾아보기

『오늘의 어린이책』 1~3권에 실린 전체 도서 목록입니다.

ㄱ

제목	권-쪽
갈림길	3-101
감추고 싶은 폴더	2-120
개를 원합니다: 어떤 개든 상관없음	2-67
거미 엄마, 마망 (루이스 부르주아)	1-197
거울을 든 아이	2-38
걷는 사이	2-124
걸스 토크	1-77
결혼식에 간 훌리안	3-120
경제를 알면 세상이 보여!	1-230
고만네	1-46
고스트	1-120
고양이 손을 빌려 드립니다	1-115
고양이 조문객	1-232
곰의 부탁	1-133
곱슬도치 아저씨의 달콤한 친절	3-143
과학자가 되는 시간	2-63
9킬로미터 나의 학교 가는 길	2-74
국경	2-130
귀를 기울이면	3-71
귓속말 게임	3-147
그건 네 잘못이 아니야!	3-149
그날, 고양이가 내게로 왔다	1-233
그냥, 사람	1-135
그냥 씨의 동물 직업 상담소	3-155
그래서 우리는 사랑을 하지	1-175
그레이스는 놀라워	1-130
그리고 미희답게 잘 살았습니다	3-75
기린에게 다가가세요	3-139
기막힌 항해	3-72
길 위의 모터사이클 (안느 프랑스 도스빌)	3-136
까먹어도 될까요	2-131
깨어 있는 숲속의 공주	3-74
깨지기 쉬운 것들의 과학	1-121
꼬마 영화감독 샬롯	1-99
꽃할머니	1-198
꿈을 나르는 책 아주머니	1-102

ㄴ

제목	권-쪽
나는 강물처럼 말해요	2-75
나는 나비야!	3-112
나는 나야, 나!	3-113
나는 무늬	1-230
나는 반대합니다 (루스 베이더 긴즈버그)	1-198
나는 보라	2-46
나는 사자	3-99
나는 수학자가 될 거야	2-60
나는 엄마가 둘이래요!	1-117
나는 여성이고 독립운동가입니다	1-200
나는 천재가 아니야	1-120
나는, 비둘기	2-126
나도 가족일까?	1-117
나도 권리가 있어!	1-133
나도 편식할 거야	1-46
나를 나로 만드는 건 무엇일까?	2-55
나에겐 권리가 있어요	3-145
나의 고래를 위한 노래	3-108
나의 과학자들	1-196
나의 독산동	1-129
나의 목소리가 들려	1-132
나의 우주를 보여 줄게	3-106

나의 젠더 정체성은 무엇일까?	1-178
나의 첫 젠더 수업	1-179
나의 친구 아그네스 할머니	1-129
나 진짜 궁금해!	2-89
나, 화가가 되고 싶어!(윤석남)	1-197
난 곤충이 좋아(소피아 스펜서)	1-99
난민 소녀 주주	2-100
남자 사전	
내 말은, 넌 그냥 여자야	1-174
내 몸은 나의 것	1-215
내 인생 첫 캠프	1-132
내 조각 이어 붙이기	1-132
내 친구 지구	1-231
내가 안아 줘도 될까?	3-82
내가 여기에 있어	1-227
내가 예쁘다고?	2-90
내 머릿속 번개가 번쩍!(세실리아 페인)	3-133
내 아이를 지키는 성인지 감수성 수업	3-89
내일을 위한 내 일	1-201
너를 위한 증언	2-122
너와 나	1-232
너와 나의 빨강	2-52
너의 눈 속에	1-216
너의 목소리를 보여 줘	3-110
너의 몸은 너의 것이야	3-90
너의 힘을 믿어 봐	3-78
넌 누구니?	3-100
네가 오는 날	3-97
노를 든 신부	1-146
놀라지 마세요, 도마뱀이에요 (조앤 프록터)	1-193
누가 진짜 엄마야?	1-117
눈만 뜨면 눈 걱정(패트리샤 배스)	1-195
느티나무 수호대	3-159
니나(니나 시몬)	3-137

ㄷ

다 같이 함께하면	1-231
다락방 외계인	2-83
다른 애들이랑 똑같이 할 수가 없어	2-76
다시 그려도 괜찮아	2-88
당근 유치원	1-143
당신은 빛나고 있어요	1-143
당신은 셀 수 없이 소중해요	1-228
당신은 전쟁을 몰라요	3-150
당신의 성별은 무엇입니까?	3-128
댕기머리 탐정 김영서	1-50
더 이상의 '안 돼'는 거절하겠어! (주디스 휴먼)	3-107
도개울이 어때서!	1-47
도망치는 아이	1-130
도술 글자 1~3	2-44
독립군이 된 간호사들	2-115
동물학자 템플 그랜딘	1-193
동의: 너와 나 사이 무엇보다 중요한 것!	1-216
둘이라서 좋아	1-228
따로따로 행복하게	1-118
딸 인권 선언	1-177
뜨개질하는 소년	1-144

ㄹ

레고 나라의 여왕	1-49
레나의 옷은 당당하고 아름다워	3-132
로베르토 인노첸티의 빨간 모자	1-217
롤러 걸	1-80
루비의 소원	1-44

루스 베이더 긴즈버그의 정의를 향한 여정	2-114
루카-루카	1-76
리나 보 바르디	2-109
리디아의 정원	1-100
리얼 마래	1-119

ㅁ

마거릿, 아폴로호를 부탁해! (마거릿 해밀턴)	1-194
마리나	3-105
마리 퀴리	1-195
마법의 방방	1-145
마술 딱지	1-119
마일로가 상상한 세상	2-79
막두	1-101
말라깽이 챔피언	1-78
말랄라의 마법 연필	1-228
말의 무게	2-107
말해도 괜찮아	1-215
망나니 공주처럼	1-47
머시 수아레스, 기어를 바꾸다	1-121
멋지고 당당한 조선의 여인들	1-200
멋진 공룡이 될 거야!	1-146
메리는 입고 싶은 옷을 입어요	1-198
명랑 춘향 여행기	3-73
모든 공주는 자정 이후에 죽는다	3-123
몸몸몸: 나의 몸 너의 몸 다른 몸	2-49
문어 목욕탕	1-145
물개 할망	1-101
물리학의 여왕 우젠슝	3-135
물이 되는 꿈	1-131
물이, 길 떠나는 아이	1-50

미지의 아이	2-47

ㅂ

바다를 존중하세요(실비아 얼)	1-194
바닷가 아틀리에	3-67
바람을 가르다	1-131
박완서	2-110
밖에 나가 놀자!	1-231
발명가 로지의 빛나는 실패작	1-99
밤바다로 해루질 가요	2-59
밥·춤	1-146
벽 타는 아이	3-152
변화를 꿈꾸는 곳에 시몬이 있어 (시몬 베유)	3-138
별빛 전사 소은하	1-51
보란 듯이 걸었다	1-53
분홍 모자	1-227
분홍 원피스를 입은 소년	1-147
붉은신	2-127
블랙 걸(클로뎃 콜빈)	1-229
비밀: 우리 모두가 들어야 하는 이야기	1-215
비밀 결사대, 마을을 지켜라	2-132
비밀 소원	1-119
비밀 숙제	2-99
비밀을 말할 시간	1-218
비어트리스의 예언	2-43
빨간 모자야, 어린이 인권을 알려줘	1-134
빨강, 하양 그리고 완전한 하나	2-101
빨강: 크레용의 이야기	1-173
빨강은 아름다워	1-76
빨강이들	1-45
뻥! 나도 축구왕	1-145
보득보득 깨끗하게 씻어요	3-81

ㅅ

사과의 사생활	3-76
사라, 버스를 타다	1-130
사랑에 빠진 토끼	1-173
사랑이 훅!	1-76
사랑해 너무나 너무나	1-173
사이클 선수가 될 거야! (알폰시나 스트라다)	1-79
사진 속 그 애	1-218
사춘기 내 몸 사용설명서	1-77
산딸기 크림봉봉	1-129
산책을 듣는 시간	1-133
3초 다이빙	1-78
새가 되고 싶은 날	1-46
새로운 길을 만드는 여자들	3-140
생리는 처음이야	2-51
생리를 시작한 너에게	1-77
서툴고 어설픈 대단한 일꾼들	2-77
서프러제트	1-230
선	1-78
성냥팔이 소녀의 반격	3-94
성평등: 성 고정 관념을 왜 깨야 할까?	1-178
세 엄마 이야기	1-116
세계 최초의 프로그래머 에이다 러블레이스	1-195
세상에서 가장 용감한 소녀	1-217
세상의 모든 나무를 사막에 심는다면	1-232
셰에라자드: 우리의 이야기는 끝이 없지	3-70
소곤소곤 회장	2-40
소녀×몸 교과서	2-54
소녀들을 위한 내 몸 안내서	1-216
소녀들의 섹슈얼리티	3-85
소녀와 소년, 멋진 사람이 되는 법	1-176
소피가 속상하면 너무너무 속상하면	1-43
소피가 화나면 정말 정말 화나면	1-43
수상한 아이가 전학 왔다!	1-131
수줍어서 더 멋진 너에게	3-79
수학에 빠진 아이	1-99
숨이 차오를 때까지	1-145
숲에서 보낸 마법 같은 하루	1-115
스냅드래곤	2-105
스무디 파라다이스에서 만나	2-103
스타피시	3-88
스텔라네 가족	1-174
스파이더맨 가방을 멘 아이	1-147
슬픈 란돌린	1-217
승리의 비밀	1-51
시인 X	1-175
시큰둥이 고양이	2-78
싫다고 말하자!	2-121
십 대를 위한 몸매 안내서	3-86
싸우는 여자들, 역사가 되다	1-200
씨앗을 지키세요 (반다나 시바)	2-112

ㅇ

아기가 어떻게 만들어지는지에 대한 놀랍고도 진실한 이야기	1-75
아기는 어떻게 태어날까?	1-75
아기는 어떻게 태어날까요?	1-75
아기 업고 레디, 액션! (박남옥)	3-134
아델라이드	1-45
아들 인권 선언	1-177
아라, 별을 코딩하다	1-100
아래층 소녀의 비밀 직업	3-109
아름다운 것은 자꾸 생각나	1-229

아름다운 탄생	1-75
아리에트와 그림자들	2-37
아멜리아 에어하트	1-195
아무 말도 하기 싫은 날	1-233
아빠 인권 선언	1-178
아빠는 페미니스트	1-116
아스트리드 린드그렌	1-196
아이 러브 디스 파트	1-175
아주 옛날에는 사람이 안 살았다는데	2-96
아키시: 고양이들의 공격	1-48
09:47	2-125
안나야, 어딨니?	1-143
안녕, 그림자	1-218
안녕, 내 이름은 페미니즘이야	1-179
안녕, 알래스카	1-52
안녕? 나의 핑크 블루	1-147
알레나의 채소밭	1-102
알로하, 나의 엄마들	1-230
알사탕	1-115
앙코르	2-61
야, 그거 내 공이야	1-79
약속	1-227
양춘단 대학 탐방기	1-53
어느 날 그 애가	1-49
어느 날 장벽이 무너진다면	1-132
어린이를 위한 성평등 교과서	1-178
어제보다 더 따뜻한 오늘을 만들어요	3-93
엄마	1-117
엄마 도감	2-68
엄마 왜 안 와	1-115
엄마 인권 선언	1-177
엄마가 수놓은 길	2-80
엄마의 마흔 번째 생일	1-119
엄마의 초상화	1-116
엎드려 관찰하고 자세히 그렸어요 (마리아 메리안)	1-193
에멀린 팽크허스트	1-198
에이스가 되는 법: 어느 무성애자의 성장기	3-124
엘 데포	1-131
LGBTQ로 살아가기	3-129
여덟 공주와 마법 거울	2-42
여름이 온다	2-93
여성, 경찰하는 마음	2-62
여자 남자, 할 일이 따로 정해져 있을까요?	1-176
여자가 되자!	1-176
여자는 정치하면 왜 안 돼?	2-106
여자 사전	3-84
여자아이, 클로딘	1-103
여학생	1-176
연동동의 비밀	1-120
연이와 버들 도령	2-92
열세 살의 걷기 클럽	3-157
열세 살의 여름	1-52
열여섯 그레타, 기후위기에 맞서다	1-233
오늘보다 더 멋진 내일을 만들어요	3-92
오늘부터 배프! 베프!	2-84
오늘 수집가	3-116
오늘은 네 차례야	3-114
오늘은 도서관 가는 날	1-118
오늘의 햇살	2-70
오, 미자!	1-102
5번 레인	1-80
오, 사랑	1-175
오! 이토록 환상적인 우리 몸	1-77
오틸라와 해골	3-115
옥상 바닷가	2-81

옥수수를 관찰하세요(바버라 매클린톡)	1-193
왕자와 드레스메이커	1-174
왜요, 그게 차별인가요?: 무심코 사용하는 성차별 언어	3-118
욕 좀 하는 이유나	1-47
용감한 소녀들이 온다	1-81
우로마	1-100
우리 반 마리 퀴리	1-51
우리 아기 좀 보세요	1-143
우리 엄마가 더 빨리 올 거야	2-58
우리 엄마는 고래를 몰아요	1-102
우리 엄마일 리 없어	1-121
우리가 바꿀 수 있어!	1-134
우리가 보이나요?	3-104
우리가 어른보다 똑똑해요	3-68
우리가 잠든 사이에	1-103
우리가 케이크를 먹는 방법	2-66
우리는 난민입니다	1-134
우리는 돈 벌러 갑니다	1-49
우리는 탐험가다	2-116
우리들의 에그타르트	1-49
우리에게 펭귄이란	2-69
우리에게는 아직 기회가 있어요!	2-135
우리의 정원	2-134
우리 집에 놀러 와	3-103
우주로 가는 계단	1-51
우주에서 온 초대장	1-44
우화	2-94
운하의 소녀	1-217
워터 프로텍터	2-129
원피스를 입은 아이	1-144
웰컴 투 레인보우	3-130
유원	1-52
유인원과의 산책	3-141
은혜씨의 포옹	2-97
이 뼈를 모두 누가 찾았게?(메리 애닝)	1-194
이 색 다 바나나	2-91
이까짓 거!	1-43
이럴 땐 싫다고 말해요	1-215
이사도라 문, 학교에 가다	1-48
이상한 나라의 정지오	1-44
이상희 선생님이 들려주는 인류 이야기	1-233
이태영	1-199
인어 소녀	1-218
인어를 믿나요?	1-173
인터넷도 하고 싶고 나와 지구도 지키고 싶어!	2-133
일곱 할머니와 놀이터	2-57
일등석 기차 여행	2-39

ㅈ

자꾸 마음이 끌린다면	1-76
자아 찾기 ing	3-77
자하 하디드	1-196
잘 가, 안녕	1-231
잘하면 유쾌한 할머니가 되겠어(박에디)	3-126
장난이 아니야	3-146
장수탕 선녀님	1-144
절대로 실수하지 않는 아이	1-43
정년이	1-100
제인 오스틴	2-111
조막만 한 조막이	1-147
존엄을 외쳐요	2-82
좋아서 껴안았는데, 왜?	1-216
줄넘기 요정	1-228
줄리의 그림자	1-48
지구에 온 너에게	1-232

지키지 말아야 할 비밀	3-144
진실은 힘이 세다(아이다 웰스)	1-199
진실을 보는 눈(도로시아 랭)	1-197
진정한 챔피언	1-45

ㅊ

차별 없는 세상을 위한 평등 수업	1-134
참지 않는 여자들	3-148
책방거리 수사대	3-156
책의 아이	1-46
책이 사라진 세계에서	3-69
처음 만나는 여성의 역사	1-229
첨벙!	1-79
첫사랑	1-174
청소년이 성을 알면 달라지는 것들	3-83
체공녀 강주룡	1-201
체셔 크로싱	3-117
초콜릿어 할 줄 알아?	1-133
최은희	1-199
축구왕 이채연	1-80
친애하는 나의 몸에게	3-87

ㅋ

커다란 비밀 친구	2-65
커다란 포옹	1-118
코라와 악어 공주	1-48
코모도 코코의 특별한 생일	3-98
코숭이 무술	1-78
쿵쿵이는 몰랐던 이상한 편견 이야기	1-130
쿵푸 아니고 똥푸	1-47
퀴어 히어로즈	3-127
키다리 말고 엘리즈	2-50
키오스크	2-95
킹과 잠자리	3-125

ㅌ

태극기를 든 소녀	1-200
투르말린 공주	3-121
투명인간 에미	1-52
티나의 종이집	2-45

ㅍ

팔이 긴 소녀의 첫 번째 여성 올림픽 (루실 갓볼드)	1-80
페퍼민트	2-71
펜으로 만든 괴물(메리 셸리)	1-196
평등한 나라	1-177
표범이 말했다	2-102
푸른 고래의 시간	1-229
푸른 사자 와니니	1-50
풍선 다섯 개	1-118
프런트 데스크	3-95
프레드가 옷을 입어요	2-87
프리다	1-197
프리워터	3-158
플라스틱 섬 수나카이	2-128
플로라	2-72
핑크 토요일	1-144

ㅎ

하고 싶은 말이 많고요, 구릅니다	2-85
하늘에	1-227
하늘에서 동아줄이 내려올 줄이야	2-36

하늘의 독립군 권기옥	2-117
하얀 밤의 고양이	2-119
하트스토퍼 1~4	2-104
학교에 간 공룡 앨리사우루스	1-44
한 사람	3-154
할머니, 어디 가요?	1-101
할머니, 우리 할머니	2-113
할머니와 나의 이어달리기	1-120
할머니의 여름휴가	1-45
할머니의 조각보	1-116
할머니의 트랙터	1-101
할아버지가 사랑한 무지개	3-122
핫 도그	3-153
해방자 신데렐라	2-41
해저 지도를 만든 과학자, 마리 타프	1-194
행복을 나르는 버스	1-129
헌터걸: 거울 여신과 헌터걸의 탄생	1-50
헷갈리는 미로 나라	1-146
혐오와 인권	1-179
혼자 갈 수 있어	2-35
홍계월전	1-199
휘슬이 울리면	2-53
히말라야의 메시 수나칼리	1-79

『오늘의 어린이책』은 어린이를 사랑하는 마음으로 뭉친 전문가 집단의 장기 프로젝트 결과물입니다. 애써서 만든 책인 만큼 더 많은 분들이 열어 봐 주시고 관심 가져 주시는 것이 저희의 가장 큰 보람이지요. 앞으로도 폭넓은 분야에서 『오늘의 어린이책』이 활용되기를 바랍니다.

 '다움북클럽이 고른 성평등 어린이·청소년책 2019-2024' 전체 도서 목록은 왼쪽 링크에서 받아 보실 수 있습니다. 본 사업의 지속성 있는 운영을 위해 도서를 구매하신 분에 한해 공개를 부탁드립니다.